Todos los libros de Linkgua Ediciones cuentan con modelos de Inteligencia Artificial entrenados por hispanistas. Pregúntale al chat de tu libro lo que desees acerca de la obra o su autor/a.

Para ebooks: Accede a nuestro modelo de IA a través de este enlace.

Para libros impresos: Escanea el código QR de la portada con tu dispositivo móvil.

Obtén análisis detallados de nuestros libros, resúmenes, respuestas a tus preguntas y accede a nuestras ediciones críticas generativas para una experiencia de lectura más enriquecedora.
La transparencia y el respeto hacia la autoría de las fuentes utilizadas son distintivos básicos de nuestro proyecto. Por ello, las respuestas ofrecen, mediante un sistema de citas, las fuentes con las que han sido elaboradas.

José Carlos Mariátegui

Ensayos

Reflexiones emancipatorias

Barcelona 2024
Linkgua-edicion.com

Créditos

Título original: Ensayos.

© 2024, Red ediciones S.L.

e-mail: info@linkgua.com

Diseño de cubierta: Michel Mallard.

ISBN rústica ilustrada: 978-84-9953-635-4.
ISBN tapa dura: 978-84-1126-065-7.
ISBN ebook: 978-84-9897-065-4.

Cualquier forma de reproducción, distribución, comunicación pública o transformación de esta obra solo puede ser realizada con la autorización de sus titulares, salvo excepción prevista por la ley. Diríjase a CEDRO (Centro Español de Derechos Reprográficos, www.cedro.org) si necesita fotocopiar, escanear o hacer copias digitales de algún fragmento de esta obra.

Sumario

Créditos	4
Brevísima presentación	9
La vida	9
Agudo	9
Apuntes autobiográficos	11
Lenin	13
El 1° de Mayo y el Frente Único	15
La Unidad de la América Indoespañola	19
Prólogo a Tempestad en los Andes de Luis E. Valcárcel	25
El problema del indio	33
Su nuevo planteamiento	33
Sumaria revisión histórica	43
El problema de la tierra	49
El problema agrario y el problema del indio	49
Colonialismo = Feudalismo	52
La política del coloniaje: Despoblación y esclavitud	55
El colonizador español	58
La «comunidad» bajo el coloniaje	62
La revolución de la independencia y la propiedad agraria	66
Política agraria de la República	69
La gran propiedad y el poder político	73
La «comunidad» bajo la República	77

La «comunidad» y el latifundio	85
El régimen de trabajo. Servidumbre y salariado	89
«Colonialismo» de nuestra agricultura costeña	97
Proposiciones finales	101

Libros a la carta   **107**

Brevísima presentación

La vida
José Carlos Mariátegui (1895-1930). Perú.
...Nací el 95. A los catorce años entré de alcanza-rejones en periódico. Hasta 1919 trabajé en el diarismo, primero en La Prensa, luego en El Tiempo, finalmente en La Razón.

Agudo
Mariátegui reflexiona sobre las clases sociales de Latinoamérica en los albores del siglo XX. Está poseído por la idea de que se avecina un gran cambio. Resulta difícil imaginar cómo la utopía socialista vigente en la época conseguiría una transmutación radical de los valores establecidos.

Queda, sin embargo, la agudeza intelectual de estos textos que pretenden diseccionar con voluntad premonitoria los factores de la injusticia social.

Apuntes autobiográficos

10 de enero de 1927

«Aunque soy un escritor muy poco autobiográfico, le daré yo mismo algunos datos sumarios. Nací el 95. A los catorce años entré de alcanza-rejones en periódico. Hasta 1919 trabajé en el diarismo, primero en *La Prensa*, luego en *El Tiempo*, finalmente en *La Razón*. En este último diario patrocinarnos la reforma universitaria. Desde 1918, nauseado de política criolla me orienté resueltamente hacia el socialismo, rompiendo con mis primeros tanteos de literato inficionado de decadentismo y bizantinismo finiseculares, en pleno apogeo. De fines de 1919 a mediados de 1923 viajé por Europa. Residí más de dos años en Italia. Donde desposé una mujer y algunas ideas. Anduve por Francia, Alemania, Austria y otros países. Mi mujer y mi hijo me impidieron llegar a Rusia. Desde Europa me concerté con algunos peruanos para la acción socialista. Mis artículos de esa época señalan estas estaciones de mi orientación socialista. A mi vuelta al Perú, en 1923, en reportajes, conferencias en la Federación de Estudiantes, en la Universidad Popular, artículos, etc., expliqué la situación europea e inicié mi trabajo de investigación de la realidad nacional, conforme al método marxista. En 1924 estuve, como ya lo he contado, a punto de perder la vida. Perdí una pierna y me quedé muy delicado. Habría seguramente ya curado del todo con una existencia reposada. Pero ni mi pobreza ni mi inquietud espiritual me lo consienten. No he publicado más libros que el que usted conoce. Tengo listos dos y en proyecto otros dos. He aquí mi vida en pocas palabras. No creo que valga la pena hacerla notoria; pero no puedo rehusarle los datos que usted me pide. Me olvidaba: soy un autodidacta. Me matriculé una vez en letras en Lima, pero con el solo interés de seguir el curso de latín de un agustino erudito. Y en Europa frecuenté algunos cursos libremente, pero sin decidirme nunca a perder mi carácter extrauniversitario y tal vez, si hasta antiuniversitario. En 1925 la Federación de Estudiantes me propuso a la Universidad como catedrático en la materia de mi competencia; pero la mala voluntad del Rector y, seguramente, mi estado de salud, frustraron esta iniciativa.»

Lenin

Marzo de 1924.

El proletariado revolucionario ha perdido al más grande de sus conductores y de sus leaders. Al que con mayor eficacia, con mayor acierto y con mayor capacidad ha servido la causa de los trabajadores, de los explotados, de los oprimidos.

Ninguna vida ha sido tan fecunda para el proletariado revolucionario como la vida de Lenin. El leader ruso poseía una extraordinaria inteligencia, una extensa cultura, una voluntad poderosa y un espíritu abnegado y austero. A estas cualidades se unía una facultad asombrosa para percibir hondamente el curso de la historia y para adaptar a él la actividad revolucionaria.

Esta facultad genial, esta aptitud singular no abandonó nunca a Lenin. Y así, iluminado por la experiencia de la insurrección de 1905, Lenin comprendió claramente entonces la necesidad de crear un partido revolucionario, exento de prejuicios e ilusiones democráticas y parlamentaristas. Luego, en 1907, Lenin advirtió la inminencia de la guerra, previó sus consecuencias políticas y económicas y anunció la posibilidad y el deber de aprovecharlas para precipitar y acelerar el fin del régimen capitalista. Finalmente, después de haber denunciado el carácter de la guerra europea y después de haber intervenido en los congresos de Zimmerwald y Kienthal —en los cuales las minorías socialistas y sindicales de Europa afirmaron sus principios clasistas e internacionalistas, abandonados por la Segunda Internacional— Lenin condujo al proletariado ruso a la conquista del poder, abolió la explotación capitalista en un pueblo de ciento veinte millones de hombres, defendió la revolución de sus enemigos internos y externos y organizó la Tercera Internacional, que reúne hoy en sus rangos multitudinarios a millones de hombres de todas las nacionalidades y de todas las razas en marcha hacia la «lucha final».

Cualquiera que sea la posición ideológica que se tenga en el campo revolucionario, no se puede negar a Lenin el derecho a un puesto principal en la historia de la redención de los trabajadores. Vemos, por eso, que los propios socialistas de la Segunda Internacional, de esa Internacional reformista tan enérgicamente atacada por Lenin, en su mensaje de condolencia a Moscú han rendido homenaje a la rectitud y a la sinceridad del revolucionario ruso.

Comunistas, socialistas y libertarios, los hombres de todas las escuelas y todos los partidos revolucionarlos, y aún los que fuera de éstos y de aquellas, anhelan un régimen de justicia social, se dan cuenta de que la obra y la personalidad de Lenin no pertenece a una secta ni a un grupo sino a todo el proletariado, a los revolucionarios de todos lo países.

El duelo de los trabajadores es, pues, universal y unánime.

La muerte de Lenin significa una pérdida inmensa para la Revolución: Lenin habría podido aun dar mucho esfuerzo inteligente a las muchedumbres revolucionarias. Pero ha tenido tiempo, afortunadamente, para cumplir la parte esencial de su obra y de su misión; ha definido el sentido histórico de la crisis contemporánea, ha descubierto un método y una praxis realmente proletarios y clasistas y ha forjado los instrumentos morales y materiales de la Revolución. Millares de colaboradores, millones de discípulos proseguirán, completarán y concluirán su obra.

«Claridad», a nombre de la vanguardia organizada del proletariado y de la juventud y los intelectuales revolucionarios del Perú, saluda la memoria del gran maestro y agitador ruso.

El 1° de Mayo y el Frente Único

1924.

El 1° de mayo es, en todo el mundo, un día de unidad del proletariado revolucionario, una fecha que reúne en un inmenso frente único internacional a todos los trabajadores organizados. En esta fecha resuenan, unánimemente obedecidas y acatadas, las palabras de Carlos Marx: «Proletarios de todos los países, uníos». En esta fecha caen espontáneamente todas las barreras que diferencian y separan en varios grupos y varias escuelas a la vanguardia proletaria.

El 1° de mayo no pertenece a una Internacional es la fecha de todas las Internacionales. Socialistas, comunistas y libertarios de todos los matices se confunden y se mezclan hoy en un solo ejército que marcha hacia la lucha final.

Esta fecha, en suma, es una afirmación y una instalación de que el frente único proletario es posible y es practicable y de que a su realización no se opone ningún interés, ninguna exigencia del presente.

A muchas meditaciones invita esta fecha internacional. Pero para los trabajadores peruanos la más actual, la más oportuna es la que concierne a la necesidad y a la posibilidad del frente único. Últimamente se han producido algunos intentos seccionistas. Y urge entenderse, urge concretarse para impedir que estos intentos prosperen, evitando que socaven y que minen la naciente vanguardia proletaria del Perú.

Mi actitud, desde mi incorporación en esta vanguardia, ha sido siempre la de un fautor convencido, la de un propagandista fervoroso del frente único. Recuerdo haberlo declarado en una de las conferencias iniciales de mi curso de historia de la crisis mundial. Respondiendo a los primeros gestos de resistencia y de aprensión de algunos antiguos y hieráticos libertarios, más preocupados de la rigidez del dogma que de la eficacia y la fecundidad de la acción, dije entonces desde la tribuna de la Universidad Popular: «Somos todavía pocos para dividirnos. No hagamos cuestión de etiquetas ni de títulos».

Posteriormente he repetido estas o análoga palabras. Y no me cansaré de reiterarlas. El movimiento clasista, entre nosotros, es aún muy incipiente, muy limitado, para que pensemos en fraccionarle y escindirle. Antes de que llegue la hora, inevitable acaso, de una división, nos corresponde realizar mucha obra común, mucha labor solidaria. Tenemos que emprender juntos muchas largas jornadas. Nos toca, por ejemplo, suscitar en la mayoría del proletariado peruano, conciencia de clase y sentimiento de clase. Esta faena pertenece por igual a socialistas y sindicalistas, a comunistas y libertarios. Todos tenemos el deber de sembrar gérmenes de renovación y de difundir ideas clasistas. Todos tenemos el deber de alejar al proletariado de las asambleas amarillas y de las falsas «instituciones representativas». Todos tenemos el deber de luchar contra los ataques y las represiones reaccionarias. Todos tenemos el deber de defender la tribuna, la prensa y la organización proletaria. Todos tenemos el deber de sostener las reivindicaciones de la esclavizada y oprimida raza indígena. En el cumplimiento de estos deberes históricos, de estos deberes elementales, se encontrarán y juntarán nuestros caminos, cualquiera que sea nuestra meta última.

El frente único no anula la personalidad, no anula la filiación de ninguno de los que lo componen. No significa la confusión ni la amalgama de todas las doctrinas en una doctrina única. Es una acción contingente, concreta, práctica. El programa del frente único considera exclusivamente la realidad inmediata, fuera de toda abstracción y de toda utopía. Preconizar el frente único no es, pues, preconizar el confusionismo ideológico. Dentro del frente único cada cual debe conservar su propia filiación y su propio ideario. Cada cual debe trabajar por su propio credo. Pero todos deben sentirse unidos por la solidaridad de clase, vinculados por la lucha contra el adversario común, ligados por la misma voluntad revolucionaria, y la misma pasión renovadora. Formar un frente único es tener una actitud solidaria ante un problema concreto, ante una necesidad urgente. No es renunciar a la doctrina que cada uno sirve ni a la posición que cada uno ocupa en la vanguardia, la variedad de tendencias y la diversidad de matices ideológicos es inevitable en esa inmensa legión humana que se llama el proletariado. La existencia de tendencias y grupos definidos y precisos no es un mal; es por el contrario la señal de un periodo avanzado del proceso revolucionario. Lo que importa es que esos grupos y esas tendencias sepan entenderse ante la realidad concreta del día. Que no se esterilicen bizantinamente en exconfesiones y excomuniones recíprocas. Que no alejen a las masas de la revolución con el espectáculo de las querellas dogmáticas de sus predicadores. Que no empleen sus armas ni dilapiden su tiempo en herirse unos a otros, sino en combatir el orden social sus instituciones, sus injusticias y sus crímenes.

Tratemos de sentir cordialmente el lazo histórico que nos une a todos los hombres de la vanguardia, a todos los fautores de la renovación. Los ejemplos que a diario nos vienen de fuera son innumerables y magníficos. El más reciente y emocionante de estos ejemplos es el de Germaine Berthon. Germaine Berthon, anarquista, disparó certeramente su revólver contra un organizador y conductor del terror blanco por vengar el asesinato del socialista Jean Jaurés. Los espíritus nobles, elevados y sinceros de la revolución, perciben y respetan, así, por encima de toda barrera teórica, la solidaridad histórica de sus esfuerzos y de sus obras. Pertenece a los espíritus mezquinos, sin horizontes y sin alas, a las mentalidades dogmáticas que quieren petrificar e inmovilizar la vida en una fórmula rígida, el privilegio de la incomprensión y del egotismo sectarios.

El frente único proletario, por fortuna, es entre nosotros una decisión y un anhelo evidente del proletariado. Las masas reclaman la unidad. Las masas quieren fe. Y, por eso, su alma rechaza la voz corrosiva, disolvente y pesimista de los que niegan y de los que dudan, y busca la voz optimista, cordial, juvenil y fecunda de los que afirman y de los que creen.

La Unidad de la América Indoespañola

6 de diciembre de 1924.

Los pueblos de la América española se mueven, en una misma dirección. La solidaridad de sus destinos históricos no es una ilusión de la literatura americanista. Estos pueblos, realmente, no solo son hermanos en la retórica sino también en la historia. Proceden de una matriz única. La conquista española, destruyendo las culturas y las agrupaciones autóctonas, uniformó la fisonomía étnica, política y moral de la América Hispana. Los métodos de colonización de los españoles solidarizaron la suerte de sus colonias. Los conquistadores impusieron a las poblaciones indígenas su religión y su feudalidad. La sangre española se mezcló con la sangre india. Se crearon, así, núcleos de población criolla, gérmenes de futuras nacionalidades. Luego, idénticas ideas y emociones agitaron a las colonias contra España. El proceso de formación de los pueblos indoespañoles tuvo, en suma, una trayectoria uniforme.

La generación libertadora sintió intensamente la unidad sudamericana. Opuso a España un frente único continental. Sus caudillos obedecieron no un ideal nacionalista, sino un ideal americanista. Esta actitud correspondía a una necesidad histórica. Además, no podía haber nacionalismo donde no había aún nacionalidades. La revolución no era un movimiento de las poblaciones indígenas. Era un movimiento de las poblaciones criollas, en las cuales los reflejos de la Revolución Francesa había generado un humor revolucionario.

Mas las generaciones siguientes no continuaron por la misma vía. Emancipadas de España, las antiguas colonias quedaron bajo la presión de las necesidades de un trabajo de formación nacional. El ideal americanista, superior a la realidad contingente, fue abandonado. La revolución de la independencia había sido un gran acto romántico; sus conductores y animadores, hombres de excepción. El idealismo de esa gesta y de esos hombres había podido elevarse a una altura inasequible a gestas y hombres menos románticos. Pleitos absurdos y guerras criminales desgarraron la unidad de la América Indoespañola. Acontecía, al mismo tiempo, que unos pueblos se desarrollaban con más seguridad y velocidad que otros. Los más próximos a Europa fueron fecundados por sus inmigraciones. Se beneficiaron de un mayor contacto con la civilización occidental. Los países hispanoamericanos empezaron así a diferenciarse.

Presentemente, mientras unas naciones han liquidado sus problemas elementales, otras no han progresado mucho en su solución. Mientras unas naciones han llegado a una regular organización democrática, en otras subsisten hasta ahora densos residuos de feudalidad. El proceso del desarrollo de todas las naciones sigue la misma dirección; pero en unas se cumple más rápidamente que en otras.

Pero lo que separa y aísla a los países hispanoamericanos, no es esta diversidad de horario político. Es la imposibilidad de que entre naciones incompletamente formadas, entre naciones apenas bosquejadas en su mayoría, se concrete y articule un sistema o un conglomerado internacional. En la historia, la comuna precede a la nación. La nación precede a toda sociedad de naciones.

Aparece como una causa específica de dispersión la insignificancia de los vínculos económicos hispanoamericanos. Entre estos países no existe casi comercio, no existe casi intercambio. Todos ellos son, más o menos, productores de materias primas y de géneros alimenticios que envían a Europa y Estados Unidos, de donde reciben, en cambio, máquinas, manufacturas, etcétera. Todos tienen una economía parecida, un tráfico análogo. Son países agrícolas. Comercian, por tanto, con países industriales. Entre los pueblos hispanoamericanos no hay cooperación; algunas veces, por el contrario, hay concurrencia. No se necesita, no se complementan, no se buscan unos a otros. Funcionan económicamente como colonias de la industria y la finanza europea y norteamericana.

Por muy escaso crédito que se conceda a la concepción materialista de la historia, no se puede desconocer que las relaciones económicas son el principal agente de la comunicación y la articulación de los pueblos. Puede ser que el hecho económico no sea anterior ni superior al hecho político. Pero, al menos, ambos son consustanciales y solidarios. La historia moderna lo enseña a cada paso. (A la unidad germana se llegó a través del zollverein. El sistema aduanero que canceló los confines entre los Estados alemanes, fue el motor de esa unidad que la derrota, la posguerra y las maniobras del poincarismo no han conseguido fracturar. Austria-Hungría, no obstante, la heterogeneidad de su contenido étnico, constituía, también, en sus últimos años, un organismo económico. Las naciones que el tratado de paz ha dividido de Austria-Hungría resultan un poco artificiales, malgrado la evidente autonomía de sus raíces étnicas e históricas. Dentro del imperio austro-húngaro la convivencia había concluido por soldarlas económicamente. El tratado de paz les ha dado autonomía política pero no ha podido darles autonomía económica. Esas naciones han tenido que buscar, mediante pactos aduaneros, una restauración parcial de su funcionamiento unitario. Finalmente, la política de cooperación y asistencia internacionales, que se intenta actuar en Europa, nace de la constatación de la interdependencia económicamente de las naciones europeas. No propulsa esa política un abstracto ideal pacifista sino un concreto interés económico. Los problemas de la paz han demostrado la unidad económica de Europa. La unidad moral, la unidad cultural de Europa no son menos evidentes; pero sí menos válidas para inducir a Europa a pacificarse.)

Es cierto que estas jóvenes formaciones nacionales se encuentran desparramadas en un continente inmenso. Pero, la economía es, en nuestro tiempo, más poderosa que el espacio. Sus hilos, sus nervios, suprimen o anulan las distancias. La exigüidad de las comunicaciones y los transportes es, en América indoespañola, una consecuencia de la exigüidad de las relaciones económicas. No se tiende un ferrocarril para satisfacer una necesidad del espíritu y de la cultura.

La América española se presenta prácticamente fraccionada, escinda, balcanizada. Sin embargo, su unidad no es una utopía, no es una abstracción. Los hombres que hacen la historia hispanoamericana no son diversos. Entre el criollo del Perú y el criollo argentino no existe diferencia sensible. El argentino es más optimista, más afirmativo que el peruano, pero uno y otro son irreligiosos y sensuales. Hay, entre uno y otro, diferencias de matiz más que de color.

De una comarca de la América española a otra comarca varían las cosas, varía el paisaje; pero no varía el hombre. Y el sujeto de la historia es, ante todo, el hombre. La economía, la política, la religión, son formas de la realidad humana. Su historia es, en su esencia, la historia del hombre.

La identidad del hombre hispanoamericano encuentra una expresión en la vida intelectual. Las mismas ideas, los mismos sentimientos circulan por toda la América indoespañola. Toda fuerte personalidad intelectual influye en la cultura continental. Sarmiento, Martí, Montalvo, no pertenecen exclusivamente a sus respectivas patrias; pertenecen a Hispanoamérica. Lo mismo que de estos pensadores se puede decir de Darío, Lugones, Silva, Nervo, Chocano y otros poetas. Rubén Darío está presente en toda la literatura hispanoamericana. Actualmente, el pensamiento de Vasconcelos y de Ingenieros son los maestros de una entera generación de nuestra América. Son dos directores de su mentalidad.

Es absurdo y presuntuoso hablar de una cultura propia y genuinamente americana en germinación, en elaboración. Lo único evidente es que una literatura vigorosa refleja ya la mentalidad y el humor hispanoamericanos. Esta literatura —poesía, novela, crítica, sociología, historia, filosofía— no vincula todavía a los pueblos; pero vincula, aunque no sea sino parcial y débilmente, a las categorías intelectuales.

Nuestro tiempo, finalmente, ha creado una comunicación más viva y más extensa: la que ha establecido entre las juventudes hispanoamericanas la emoción revolucionaria. Más bien espiritual que intelectual, esta comunicación recuerda la que concertó a la generación de la independencia. Ahora como entonces la emoción revolucionaria da unidad a la América indo española. Los intereses burgueses son concurrentes o rivales; los intereses de las masas no. Con la Revolución Mexicana, con su suerte, con su ideario, con sus hombres, se sienten solidarios todos los hombres nuevos de América. Los brindis pacatos de la diplomacia no unirán a estos pueblos. Los unirán en el porvenir, los votos históricos de las muchedumbres.

Prólogo a Tempestad en los Andes de Luis E. Valcárcel

1927.

Después de habernos dado en sus obras *De la Vida Incaika* y *Del Ayllu al Imperio* una interpretación esquemática de la historia del *Tawantinsuyo*, Luis E. Valcárcel nos ofrece en este libro una visión limitada del presente autóctono. Este libro anuncia «el advenimiento de un mundo», la aparición del nuevo indio. No puede ser, por consiguiente, una crítica objetiva, un análisis neutral; tiene que ser una apasionada afirmación, una exaltada protesta.

Valcárcel percibe claramente el renacimiento indígena porque cree en él. Un movimiento histórico una gestación no puede ser entendido, en toda su trascendencia, sino por los que luchan por que se cumpla. (El movimiento socialista, por ejemplo, solo es comprendido cabalmente por sus militantes. No ocurre lo mismo con los movimientos ya realizados. El fenómeno capitalista no ha sido entendido y explicado por nadie tan amplia y exactamente como por los socialistas.)

La empresa de Valcárcel en esta Obra, si la juzgamos como la juzgaría Unamuno, no es de profesor sino de profeta. No se propone meramente registrar los hechos que anuncian o señalan la formación de nueva conciencia indígena, sino traducir su íntimo sentido histórico, ayudando a esa conciencia indígena a encontrarse y revelarse a sí misma. La interpretación, en este caso, tal vez como en ninguno, asume el valor de una creación.

Tempestad en los Andes no se presenta como una obra de doctrina ni de teoría. Valcárcel siente resucitar la raza keswa. El tema de su obra es esta resurrección. Y no se prueba que un pueblo vive, teorizando o razonando, sino mostrándolo viviente. Este es el procedimiento seguido por Valcárcel, a quien, más que el alcance o la vía del renacimiento indígena, le preocupa documentarnos su evidencia y su realidad.

La primera parte de Tempestad en los Andes tiene una entonación profética. Valcárcel pone en su prosa vehemente la emoción y la idea del resurgimiento incaico. No es el Incario lo que revive; es el pueblo del Inca que, después de cuatro siglos de sopor, se pone otra vez en marcha hacia sus destinos. Comentando el primer libro de Valcárcel yo escribí que ni las conquistas de la civilización occidental ni las consecuencias vitales de la colonia y la república, son renunciables.[1] Valcárcel reconoce estos límites a su anhelo.

En la segunda parte del libro, un conjunto de cuadros llenos de color y movimiento nos presenta la vida rural indígena. La prosa de Valcárcel asume un acento tiernamente bucólico cuando evoca, en sencillas estampas, el encanto rústico del agro serrano. El panfletario vehemente reaparece en la descripción de los «poblachos mestizos», para trazar el sórdido cuadro del pueblo parasitario, anquilosado, canceroso, alcohólico y carcomido, donde han degenerado en un mestizaje negativo las cualidades del español y del indio.

1 He aquí, precisamente, lo que entonces (Mundial, septiembre de 1925) escribí:
«Valcárcel va demasiado lejos, como casi siempre que se deja rienda suelta a la imaginación. Ni la civilización occidental está tan agotada y putrefacta como Valcárcel supone. Ni una vez adquiridas sus experiencias, su técnica y sus ideas, el Perú puede renunciar místicamente a tan válidos y preciosos instrumentos para volver, con áspera intransigencia, a sus antiguos mitos agrarios. La conquista, mala y todo, ha sido un hecho histórico. La República, tal como existe, es otro hecho histórico. Contra los hechos históricos, poco o nada pueden las especulaciones abstractas de la inteligencia ni las concepciones puras del espíritu. La historia del Perú, no es sino una parcela de la historia humana. En cuatro siglos se ha formado una realidad nueva. La han creado los aluviones de Occidente. Es una realidad débil. Pero es, de todos modos una realidad. Sería excesivamente romántico, decidirse hoy a ignorarla.»

En la tercera parte asistimos á los episodios característicos del drama del indio. El paisaje es el mismo, pero sus colores y sus voces son distintos. La sierra geórgica de la siembra, la cosecha y la kaswa se convierte en la sierra trágica del gamonal y de la mita. Pesa sobre los ayllus campesinos el despotismo brutal del latifundista, del kelkere y del gendarme.

En la cuarta parte, la sierra amanece grávida de esperanza. Ya no la habita una raza unánime en la resignación y el renunciamiento. Pasa por la aldea y el agro serranos una ráfaga insólita. Aparecen los «indios nuevos»: aquí el maestro, el agitador; allá el labriego, el pastor, que no son ya los mismos que antes. A su advenimiento no ha sido extraño el misionero adventista, en la aparición de cuya obra no acompaño sin prudentes reservas a Valcárcel por una razón: el carácter de avanzadas del imperialismo anglosajón que, como lo advierte Alfredo Palacios, pueden revestir estas misiones. El «nuevo indio» no es un ser mítico abstracto, al cual preste existencia solo la fe del profeta. Lo sentimos viviente, real, activo, en las estancias finales de esta «película serrana», que es como el propio autor define a su libro Lo que distingue al «nuevo indio» no es la instrucción sino el espíritu. (El alfabeto no redime al indio.) El «nuevo indio» espera. Tiene una meta. He ahí su secreto y su fuerza. Todo lo demás existe en él por añadidura. Así lo he conocido yo también en más de un mensajero de la raza venido a Lima. Recuerdo el imprevisto e impresionante tipo de agitador que encontré hace cuatro años en el indio puneño Ezequiel Urviola. Este encuentro fue la más fuerte sorpresa que me reservó el Perú a mi regreso de Europa. Urviola representaba la primera chispa de un incendio por venir. Era el indio revolucionario, el indio socialista. Tuberculoso, jorobado, sucumbió al cabo de dos años de trabajo infatigable. Hoy no importa ya que Urviola no exista. Basta que haya existido. Como dice Valcárcel, hoy la sierra está preñada de espartacos.

El «nuevo indio» explica e ilustra el verdadero carácter del indigenismo que tiene en Valcárcel uno de sus más apasionados evangelistas. La fe en el resurgimiento indígena no proviene de un proceso de «occidentalización» material de la tierra keswa. No es la civilización, no es el alfabeto del blanco, lo que levanta el alma del indio. Es el mito, es la idea de la revolución socialista. La esperanza indígena es absolutamente revolucionaria. El mismo mito, la misma idea, son agentes decisivos del despertar de otros viejos pueblos, de otras viejas razas en colapso: hindúes, chinos, etc. La historia universal tiende hoy como nunca a regirse por el mismo cuadrante. ¿Por qué ha de ser el pueblo incaico, que construyó el más desarrollado y armónico sistema comunista, el único insensible a la emoción mundial? La consanguinidad del movimiento indigenista con las corrientes revolucionarias mundiales es demasiado evidente para que precise documentarla. Yo he dicho ya que he llegado al entendimiento y a la valoración justa de lo indígena por la vía del socialismo. El caso de Valcárcel demuestra lo exacto de mi experiencia personal. Hombre de diversa formación intelectual, influido por sus gustos tradicionalistas, orientado por distinto género de sugestiones y estudios, Valcárce; resuelve políticamente su indigenismo en socialismo. En este libro nos dice, entre otras cosas, que «el proletariado indígena espera su Lenin». No sería diferente el lenguaje de un marxista.

La reivindicación indígena carece de concreción histórica mientras se mantiene en un plano filosófico o cultural. Para adquirirla —esto es para adquirir realidad, corporeidad— necesita convertirse en reivindicación económica y política. El socialismo nos ha enseñado a plantear el problema indígena en nuevos términos. Hemos dejado de considerarlo abstractamente como problema étnico o moral para reconocerlo concretamente como problema social, económico y político. Y entonces, lo hemos sentido, por primera vez, esclarecido y demarcado.

Los que no han roto todavía el cerco de su educación liberal burguesa, y, colocándose en una posición abstractista y literaria, se entretienen en barajar los aspectos raciales del problema, olvidan que la política y, por tanto la economía lo dominan fundamentalmente. Emplean un lenguaje pseudoidealista para escamotear la realidad disimulándola bajo sus atributos y consecuencias. Oponen a la dialéctica revolucionaria un confuso galimatías crítico, conforme al cual la solución del problema indígena no puede partir de una reforma o hecho político porque a los efectos inmediatos de éste escaparía una compleja multitud de costumbres y vicios que solo pueden transformarse a través de una evolución lenta y normal.

La historia, afortunadamente, resuelve todas las dudas y desvanece todos los equívocos. La conquista fue un hecho político. Interrumpió bruscamente el proceso autónomo de la nación keswa, pero no implicó una repentina sustitución de las leyes y costumbres de los nativos por las de los conquistadores. Sin embargo, ese hecho político abrió, en todos los órdenes de cosas, así espirituales como materiales, un nuevo período. El cambio de régimen bastó para mudar desde sus cimientos la vida del pueblo keswa. La Independencia fue otro hecho político. Tampoco correspondió a una radical transformación de la estructura económica y social del Perú; pero inauguró, no obstante, otro período de nuestra historia, y si no mejoró prácticamente la condición del indígena, por no haber tocado casi la infraestructura económica colonial, cambió su situación jurídica, y franqueó el camino de su emancipación política y social. Si la República no siguió este camino, la responsabilidad de la omisión corresponde exclusivamente a la clase que usufructuó la obra de los libertadores tan rica potencialmente en valores y principios creadores.

El problema indígena no admite ya la mistificación a que perpetuamente lo han sometido una turba de abogados y literatos, consciente o inconscientemente mancomunados con los intereses de la casta latifundista. La miseria moral y material de la raza indígena aparece demasiado netamente como una simple consecuencia del régimen económico y social que sobre ella pesa desde hace siglos. Este régimen, sucesor de la feudalidad colonial, es el gamonalismo. Bajo su imperio, no se puede hablar seriamente de redención del indio.

El término gamonalismo no designa solo una categoría social y económica: la de los latifundistas o grandes propietarios agrarios. Designa todo un fenómeno. El gamonalismo no está representado solo por gamonales propiamente dichos. Comprende una larga jerarquía de funcionarios, intermediarios, agentes, parásitos, etc. El indio alfabeto se transforma en un explotador de su propia raza porque se pone al servicio del gamonalismo. El factor central del fenómeno es la hegemonía de la gran propiedad semifeudal en la política y el mecanismo del Estado. Por consiguiente, es sobre este factor sobre el que se debe actuar si se quiere atacar en su raíz un mal del cual algunos se empeñan en no contemplar sino las expresiones episódicas o subsidiarias.

Esa liquidación del gamonalismo, o de la feudalidad, podía haber sido realizada por la república dentro de los principios liberales y capitalistas. Pero por las razones que llevo ya señaladas en otros estudios, estos principios no han dirigido efectiva y plenamente nuestro proceso histórico. Saboteados por la propia clase encargada de aplicarlos, durante más de un siglo han sido impotentes para redimir al indio de una servidumbre que constituía un hecho absolutamente solidario con el de la feudalidad. No es el caso de esperar que hoy, que estos principios están en crisis en el mundo, adquieran repentinamente en el Perú una insólita vitalidad creadora.

El pensamiento revolucionario, y aún el reformista, no puede ser ya liberal sino socialista. El socialismo aparece en nuestra historia no por una razón de azar, de imitación o de moda, como espíritus superficiales suponen, sino como una fatalidad histórica. Y sucede que mientras, de un lado, los que profesamos el socialismo propugnamos lógica y coherentemente la reorganización del país sobre bases socialistas y —constatando que el régimen económico y político que combatimos se ha convertido gradualmente en una fuerza de colonización del país por los capitalismos imperialistas extranjeros—, proclamamos que este es un instante de nuestra historia en que no es posible ser efectivamente nacionalista y revolucionario sin ser socialista; de otro lado no existe en el Perú, como no ha existido nunca, una burguesía progresista, con sentido nacional, que se profese liberal y democrática y que inspire su política en los postulados de su doctrina. Con la excepción única de los elementos tradicionalmente conservadores, no hay ya en el Perú, quien con mayor o menor sinceridad no se atribuya cierta dosis de socialismo.

Mentes poco críticas y profundas pueden suponer que la liquidación de la feudalidad es empresa típica y específicamente liberal y burguesa y que pretender convertirla en función socialista es torcer románticamente las leyes de la historia.

Este criterio simplista de teóricos de poco calado, se opone al socialismo sin más argumento que el de que el capitalismo no ha agotado su misión en el Perú. La sorpresa de sus sustentadores será extraordinaria cuando se enteren de que la función del socialismo en el gobierno de la nación, según la hora y el compás histórico a que tenga que ajustarse, será en gran parte la de realizar el capitalismo —vale decir las posibilidades históricamente vitales todavía del capitalismo— en el sentido que convenga a los intereses del progreso social.

Valcárcel que no parte de apriorismos doctrinarios —como se puede decir, aunque inexacta y superficialmente de mí y los elementos que me son conocidamente más próximos de la nueva generación— encuentra por esto la misma vía que nosotros a través de un trabajo natural y espontáneo de conocimiento y penetración del problema indígena. La obra que ha escrito no es una obra teórica y crítica. Tiene algo de evangelio y hasta algo de Apocalipsis. Es la obra de un creyente. Aquí no están precisamente los principios de la revolución que restituirá a la raza indígena su sitio en la historia nacional; pero aquí están sus mitos. Y desde que el alto espíritu de Joreg Sorel, reaccionando contra el mediocre positivismo de que estaban contagiados los socialistas de su tiempo, descubrió el valor perenne del Mito en la formación de los grandes movimientos populares, sabemos muy bien que éste es un aspecto de la lucha que, dentro del más perfecto realismo, no debemos negligir ni subestimar.

Tempestad en los Andes llega a su hora. Su voz herirá todas las conciencias sensibles. Es la profecía apasionada que anuncia un Perú nuevo. Y nada importa que para unos sean los hechos los que crean la profecía y para otros sea la profecía la que crea los hechos.

José Carlos Mariátegui

El problema del indio

Su nuevo planteamiento

Todas las tesis sobre el problema indígena, que ignoran o eluden a éste como problema económico-social, son otros tantos estériles ejercicios teoréticos —y a veces solo verbales—, condenados a un absoluto descrédito. No las salva a algunas su buena fe. Prácticamente, todas no han servido sino para ocultar o desfigurar la realidad del problema. La crítica socialista lo descubre y esclarece, porque busca sus causas en la economía del país y no en su mecanismo administrativo, jurídico o eclesiástico, ni en su dualidad o pluralidad de razas, ni en sus condiciones culturales y morales. La cuestión indígena arranca de nuestra economía. Tiene sus raíces en el régimen de propiedad de la tierra. Cualquier intento de resolverla con medidas de administración o policía, con métodos de enseñanza o con obras de vialidad, constituye un trabajo superficial o adjetivo, mientras subsista la feudalidad de los «gamonales».[2]

[2] En el prólogo de *Tempestad en los Andes* de Valcárcel, vehemente y beligerante evangelio indigenista, he explicado así mi punto de vista: «La fe en el resurgimiento indígena no proviene de un proceso de "occidentalización" material de la tierra quechua. No es la civilización, no es el alfabeto del blanco, lo que levanta el alma del indio. Es el mito, es la idea de la revolución socialista. La esperanza indígena es absolutamente revolucionaria. El mismo mito, la misma idea, son agentes decisivos del despertar de otros viejos pueblos, de otras viejas razas en colapso: hindúes, chinos, etc. La historia universal tiende hoy como nunca a regirse por el mismo cuadrante. ¿Por qué ha de ser el pueblo inkaico, que construyó el más desarrollado y armónico sistema comunista, el único insensible a la emoción mundial? La consanguinidad del movimiento indigenista con las corrientes revolucionarias mundiales es demasiado evidente para que precise documentarla. Yo he dicho ya que he llegado al entendimiento y a la va-

lorización justa de lo indígena por la vía del socialismo. El caso de Valcárcel demuestra lo exacto de mi experiencia personal. Hombre de diversa formación intelectual, influido por sus gustos tradicionalistas, orientado por distinto género de sugestiones y estudios, Valcárcel resuelve políticamente su indigenismo en socialismo. En este libro nos dice, entre otras cosas, que "el proletariado indígena espera su Lenin". No sería diferente el lenguaje de un marxista.

La reivindicación indígena carece de concreción histórica mientras se mantiene en un plano filosófico o cultural. Para adquirirla —esto es para adquirir realidad, corporeidad— necesita convertirse en reivindicación económica y política. El socialismo nos ha enseñado a plantear el problema indígena en nuevos términos. Hemos dejado de considerarlo abstractamente como problema étnico o moral para reconocerlo concretamente como problema social, económico y político. Y entonces lo hemos sentido, por primera vez, esclarecido y demarcado.

Los que no han roto todavía el cerco de su educación liberal burguesa y, colocándose en una posición abstractista y literaria, se entretienen en barajar los aspectos raciales del problema, olvidan que la política y, por tanto la economía, lo dominan fundamentalmente. Emplean un lenguaje seudoidealista para escamotear la realidad disimulándola bajo sus atributos y consecuencias. Oponen a la dialéctica revolucionaria un confuso galimatías crítico, conforme al cual la solución del problema indígena no puede partir de una reforma o hecho político porque a los efectos inmediatos de éste escaparía una compleja multitud de costumbres y vicios que solo pueden transformarse a través de una evolución lenta y normal.

La historia, afortunadamente, resuelve todas las dudas y desvanece todos los equívocos. La Conquista fue un hecho político. Interrumpió bruscamente el proceso autónomo de la nación quechua, pero no implicó una repentina sustitución de las leyes y costumbres de los nativos por las de los conquistadores. Sin embargo, ese hecho político abrió, en todos los órdenes de cosas, así espirituales como materiales, un nuevo período. El cambio de régimen bastó para mudar desde sus cimientos la vida del pueblo quechua. La Independencia fue otro hecho político. Tampoco correspondió a una radical transformación de la estructura económica y social del Perú; pero inauguró, no obstante, otro período de nuestra historia, y si no mejoró prácticamente la condición del indígena, por no haber tocado casi la infraestructura económica colonial, cambió su situación jurídica, y franqueó el camino de su emancipación política y social. Si la República no siguió este camino, la responsabilidad de la omisión corresponde exclusivamente a la clase que usufructuó la obra de los libertadores tan rica potencialmente en valores y principios creadores.

El problema indígena no admite ya la mistificación a que perpetuamente lo ha sometido una turba de abogados y literatos, consciente o inconscientemente mancomunados con los intereses de la casta latifundista. La miseria moral y material de la raza indígena aparece demasiado netamente como una simple consecuencia del régimen económico y social que sobre ella pesa desde hace siglos. Este régimen sucesor de la feudalidad colonial, es el gamonalismo. Bajo su imperio, no se puede hablar seriamente de redención del indio.

El término "gamonalismo" no designa solo una categoría social y económica: la de los latifundistas o grandes propietarios agrarios. Designa todo un fenómeno. El gamonalismo no está representado solo por los gamonales propiamente dichos. Comprende una larga jerarquía de funcionarios, intermediarios, agentes, parásitos, etc. El indio alfabeto se transforma en un explotador de su propia raza porque se pone al servicio del gamonalismo. El factor central del fenómeno es la hegemonía de la gran propiedad semifeudal en la política y el mecanismo del Estado. Por consiguiente, es sobre este factor sobre el que se debe actuar si se quiere atacar en su raíz un mal del cual algunos se empeñan en no contemplar sino las expresiones episódicas o subsidiarias.

Esa liquidación del gamonalismo, o de la feudalidad, podía haber sido realizada por la República dentro de los principios liberales y capitalistas. Pero por las razones que llevo ya señaladas estos principios no han dirigido efectiva y plenamente nuestro proceso histórico. Saboteados por la propia clase encargada de aplicarlos, durante más de un siglo han sido impotentes para redimir al indio de una servidumbre que constituía un hecho absolutamente solidario con el de la feudalidad. No es el caso de esperar que hoy, que estos principios están en crisis en el mundo, adquieran repentinamente en el Perú una insólita vitalidad creadora.

El pensamiento revolucionario, y aun el reformista, no puede ser ya liberal sino socialista. El socialismo aparece en nuestra historia no por una razón de azar, de imitación o de moda, como espíritus superficiales suponen, sino como una fatalidad histórica. Y sucede que mientras, de un lado, los que profesamos el socialismo propugnamos lógica y coherentemente la reorganización del país sobre bases socialistas y —constatando que el régimen económico y político que combatimos se ha convertido gradualmente en una fuerza de coloni-

El «gamonalismo» invalida inevitablemente toda ley u ordenanza de protección indígena. El hacendado, el latifundista, es un señor feudal. Contra su autoridad, sufragada por el ambiente y el hábito, es impotente la ley escrita. El trabajo gratuito está prohibido por la ley y, sin embargo, el trabajo gratuito, y aun el trabajo forzado, sobreviven en el latifundio. El juez, el subprefecto, el comisario, el maestro, el recaudador, están enfeudados a la gran propiedad. La ley no puede prevalecer contra los gamonales. El funcionario que se obstinase en imponerla, sería abandonado y sacrificado por el poder central, cerca del cual son siempre omnipotentes las influencias del gamonalismo, que actúan directamente o a través del parlamento, por una y otra vía con la misma eficacia.

El nuevo examen del problema indígena, por esto, se preocupa mucho menos de los lineamientos de una legislación tutelar que de las consecuencias del régimen de propiedad agraria. El estudio del doctor José A. Encinas (Contribución a una legislación tutelar indígena) inicia en 1918 esta tendencia, que de entonces a hoy no ha cesado de acentuarse.[3]

    zación del país por los capitalismos imperialistas extranjeros—, proclamamos que este es un instante de nuestra historia en que no es posible ser efectivamente nacionalista y revolucionario sin ser socialista; de otro lado no existe en el Perú, como no ha existido nunca, una burguesía progresista, con sentido nacional, que se profese liberal y democrática y que inspire su política en los postulados de su doctrina.»

3 González Prada, que ya en uno de sus primeros discursos de agitador intelectual había dicho que formaban el verdadero Perú los millones de indios de los valles andinos, en el capítulo «Nuestros indios» incluido en la última edición de Horas de Lucha, tiene juicios que lo señalan como el precursor de una nueva conciencia social: «Nada cambia más pronto ni más radicalmente la psicología del hombre que la propiedad: al sacudir la esclavitud del vientre, crece en cien palmos. Con solo adquirir algo el individuo asciende algunos peldaños en la escala social, porque las clases se reducen a grupos clasificados por

Pero, por el carácter mismo de su trabajo, el doctor Encinas no podía formular en él un programa económico-social. Sus proposiciones, dirigidas a la tutela de la propiedad indígena, tenían que limitarse a este objetivo jurídico. Esbozando las bases del *Home Stead* indígena, el doctor Encinas recomienda la distribución de tierras del Estado y de la Iglesia. No menciona absolutamente la expropiación de los gamonales latifundistas. Pero su tesis se distingue por una reiterada acusación de los efectos del latifundismo, que sale inapelablemente condenado de esta requisitoria,[4] que en cierto modo preludia la actual crítica económico-social de la cuestión del indio.

Esta crítica repudia y descalifica las diversas tesis que consideran la cuestión con uno u otro de los siguientes criterios unilaterales y exclusivos: administrativo, jurídico, étnico, moral, educacional, eclesiástico.

La derrota más antigua y evidente es, sin duda, la de los que reducen la protección de los indígenas a un asunto de

---

el monto de la riqueza. A la inversa del globo aerostático, sube más el que más pesa. Al que diga: la escuela, respóndasele: la escuela y el pan. La cuestión del indio, más que pedagógica, es económica, es social».

4 «Sostener la condición económica del indio —escribe Encinas— es el mejor modo de elevar su condición social. Su fuerza económica se encuentra en la tierra, allí se encuentra toda su actividad. Retirarlo de la tierra es variar, profunda y peligrosamente, ancestrales tendencias de la raza. No hay como el trabajo de la tierra para mejorar sus condiciones económicas. En ninguna otra parte, ni en ninguna otra forma puede encontrar mayor fuente de riqueza como en la tierra» (*Contribución a una legislación tutelar indígena*, pág. 39). Encinas, en otra parte, dice: «Las instituciones jurídicas relativas a la propiedad tienen su origen en las necesidades económicas. Nuestro Código Civil no está en armonía con los principios económicos, porque es individualista en lo que se refiere a la propiedad. La ilimitación del derecho de propiedad ha creado el latifundio con detrimento de la propiedad indígena. La propiedad del suelo improductivo ha creado la enfeudación de la raza y su miseria» (pág. 13).

ordinaria administración. Desde los tiempos de la legislación colonial española, las ordenanzas sabias y prolijas, elaboradas después de concienzudas encuestas, se revelan totalmente infructuosas. La fecundidad de la República, desde las jornadas de la Independencia, en decretos, leyes y providencias encaminadas a amparar a los indios contra la exacción y el abuso, no es de las menos considerables. El gamonal de hoy, como el «encomendero» de ayer, tiene sin embargo muy poco que temer de la teoría administrativa. Sabe que la práctica es distinta.

El carácter individualista de la legislación de la República ha favorecido, incuestionablemente, la absorción de la propiedad indígena por el latifundismo. La situación del indio, a este respecto, estaba contemplada con mayor realismo por la legislación española. Pero la reforma jurídica no tiene más valor práctico que la reforma administrativa, frente a un feudalismo intacto en su estructura económica. La apropiación de la mayor parte de la propiedad comunal e individual indígena está ya cumplida. La experiencia de todos los países que han salido de su evo feudal, nos demuestra, por otra parte, que sin la disolución del feudo no ha podido funcionar, en ninguna parte, un derecho liberal.

La suposición de que el problema indígena es un problema étnico, se nutre del más envejecido repertorio de ideas imperialistas. El concepto de las razas inferiores sirvió al Occidente blanco para su obra de expansión y conquista. Esperar la emancipación indígena de un activo cruzamiento de la raza aborigen con inmigrantes blancos es una ingenuidad antisociológica, concebible solo en la mente rudimentaria de un importador de carneros merinos. Los pueblos asiáticos, a los cuales no es inferior en un ápice el pueblo indio, han asimilado admirablemente la cultura occidental, en lo que tiene de más dinámico y creador, sin transfusiones de sangre europea. La degeneración del indio peruano es una barata invención de los leguleyos de la mesa feudal.

La tendencia a considerar el problema indígena como un problema moral, encarna una concepción liberal, humanitaria, ochocentista, iluminista, que en el orden político de Occidente anima y motiva las «ligas de los Derechos del Hombre». Las conferencias y sociedades antiesclavistas, que en Europa han denunciado más o menos infructuosamente los crímenes de los colonizadores, nacen de esta tendencia, que ha confiado siempre con exceso en sus llamamientos al sentido moral de la civilización. González Prada no se encontraba exento de su esperanza cuando escribía que la «condición del indígena puede mejorar de dos maneras: o el corazón de los opresores se conduele al extremo de reconocer el derecho de los oprimidos, o el ánimo de los oprimidos adquiere la virilidad suficiente para escarmentar a los opresores».[5] La Asociación Pro-Indígena (1909-1917) representó, ante todo, la misma esperanza, aunque su verdadera eficacia estuviera en los fines concretos e inmediatos de defensa del indio que le asignaron sus directores, orientación que debe mucho, seguramente, al idealismo práctico, característicamente sajón, de Dora Mayer.[6] El experimento está ampliamente cumplido, en

---

5 González Prada, *Horas de Lucha*, 2.ª edición, «Nuestros indios».
6 Dora Mayer de Zulen resume así el carácter del experimento Pro-Indígena: «En fría concreción de datos prácticos, la Asociación Pro-Indígena significa para los historiadores lo que Mariátegui supone un experimento de rescate de la atrasada y esclavizada Raza Indígena por medio de un cuerpo protector extraño a ella, que gratuitamente y por vías legales ha procurado servirle como abogado en sus reclamos ante los Poderes del Estado». Pero, como aparece en el mismo interesante balance de la Pro-Indígena, Dora Mayer piensa que esta asociación trabajó, sobre todo, por la formación de un sentido de responsabilidad. «Dormida estaba —anota— a los cien años de la emancipación republicana del Perú, la conciencia de los gobernantes, la conciencia de los gamonales, la conciencia del clero, la concien-

el Perú y en el mundo. La prédica humanitaria no ha detenido ni embarazado en Europa el imperialismo ni ha bonificado sus métodos. La lucha contra el imperialismo, no confía ya sino en la solidaridad y en la fuerza de los movimientos de emancipación de las masas coloniales. Este concepto preside en la Europa contemporánea una acción antiimperialista, a la cual se adhieren espíritus liberales como Albert Einstein y Romain Rolland, y que por tanto no puede ser considerada de exclusivo carácter socialista.

En el terreno de la razón y la moral, se situaba hace siglos, con mayor energía, o al menos mayor autoridad, la acción religiosa. Esta cruzada no obtuvo, sin embargo, sino leyes y providencias muy sabiamente inspiradas. La suerte de los indios no varió sustancialmente. González Prada, que como sabemos no consideraba estas cosas con criterio propia o sectariamente socialista, busca la explicación de este fracaso en la entraña económica de la cuestión: «No podía suceder de otro modo: oficialmente se ordenaba la explotación del vencido y se pedía humanidad y justicia a los ejecutores de la explotación; se pretendía que humanamente se cometiera iniquidades o equitativamente se consumaran injusticias. Para extirpar los abusos, habría sido necesario abolir los repartimientos y las mitas, en dos palabras, cambiar todo el régimen Colonial. Sin las faenas del indio americano se

---

cia del público ilustrado y semiilustrado, respecto a sus obligaciones para con la población que no solo merecía un filantrópico rescate de vejámenes inhumanos, sino a la cual el patriotismo peruano debía un resarcimiento de honor nacional, porque la Raza Incaica había descendido a escarnio de propios y extraños.» El mejor resultado de la Pro-Indígena resulta sin embargo, según el leal testimonio de Dora Mayer, su influencia en el despertar indígena. «Lo que era deseable que sucediera, estaba sucediendo; que los indígenas mismos, saliendo de la tutela de las clases ajenas concibieran los medios de su reivindicación.»

habrían vaciado las arcas del tesoro español».[7] Más evidentes posibilidades de éxito que la prédica liberal tenía, con todo, la prédica religiosa. Ésta apelaba al exaltado y operante catolicismo español mientras aquélla intentaba hacerse escuchar del exiguo y formal liberalismo criollo.

Pero hoy la esperanza en una solución eclesiástica es indiscutiblemente la más rezagada y antihistórica de todas. Quienes la representan no se preocupan siquiera, como sus distantes —¡tan distantes!— maestros, de obtener una nueva declaración de los derechos del indio, con adecuadas autoridades y ordenanzas, sino de encargar al misionero la función de mediar entre el indio y el gamonal.[8] La obra que la Iglesia no pudo realizar en un orden medioeval, cuando su capacidad espiritual e intelectual podía medirse por frailes como el padre de Las Casas, ¿con qué elementos contaría para prosperar ahora? Las misiones adventistas, bajo este aspecto, han ganado la delantera al clero católico, cuyos claustros convocan cada día menor suma de vocaciones de evangelización.

El concepto de que el problema del indio es un problema de educación, no aparece sufragado ni aun por un criterio estricta y autónomamente pedagógico. La pedagogía tiene hoy más en cuenta que nunca los factores sociales y económicos. El pedagogo moderno sabe perfectamente que la educación

---

7   Obra citada.
8   «Solo el misionero —escribe el señor José León y Bueno, uno de los líderes de la "Acción Social de la Juventud"— puede redimir y restituir al indio. Siendo el intermediario incansable entre el gamonal y el colono, entre el latifundista y el comunero, evitando las arbitrariedades del Gobernador que obedece sobre todo al interés político del cacique criollo; explicando con sencillez la lección objetiva de la naturaleza e interpretando la vida en su fatalidad y en su libertad; condenando el desborde sensual de las muchedumbres en las fiestas; segando la incontinencia en sus mismas fuentes y revelando a la raza su misión excelsa, puede devolver al Perú su unidad, su dignidad y su fuerza» (*Boletín de la A. S. J.*, Mayo de 1928).

no es una mera cuestión de escuela y métodos didácticos. El medio económico social condiciona inexorablemente la labor del maestro. El gamonalismo es fundamentalmente adverso a la educación del indio: su subsistencia tiene en el mantenimiento de la ignorancia del indio el mismo interés que en el cultivo de su alcoholismo.[9] La escuela moderna —en el supuesto de que, dentro de las circunstancias vigentes, fuera posible multiplicarla en proporción a la población escolar campesina— es incompatible con el latifundio feudal. La mecánica de la servidumbre, anularía totalmente la acción de la escuela, si esta misma, por un milagro inconcebible dentro de la realidad social, consiguiera conservar, en la atmósfera del feudo, su pura misión pedagógica. La más eficiente y grandiosa enseñanza normal no podría operar estos milagros. La escuela y el maestro están irremisiblemente condenados a desnaturalizarse bajo la presión del ambiente feudal, inconciliable con la más elemental concepción progresista o evolucionista de las cosas. Cuando se comprende a medias esta verdad, se descubre la fórmula salvadora en los internados indígenas. Mas la insuficiencia clamorosa de esta fórmula se muestra en toda su evidencia, apenas se reflexiona en el insignificante porcentaje de la población escolar indígena que resulta posible alojar en estas escuelas.

La solución pedagógica, propugnada por muchos con perfecta buena fe, está ya hasta oficialmente descartada. Los educacionistas son, repito, los que menos pueden pensar en independizarla de la realidad económico-social. No existe, pues, en la actualidad, sino como una sugestión vaga e in-

---

[9] Es demasiado sabido que la producción —y también el contrabando— de aguardiente de caña, constituye uno de los más lucrativos negocios de los hacendados de la Sierra. Aun los de la Costa, explotan en cierta escala este filón. El alcoholismo del peón y del colono resulta indispensable a la prosperidad de nuestra gran propiedad agrícola.

forme, de la que ningún cuerpo y ninguna doctrina se hace responsable.

El nuevo planteamiento consiste en buscar el problema indígena en el problema de la tierra.

Sumaria revisión histórica

La población del Imperio Inkaico, conforme a cálculos prudentes, no era menor de diez millones. Hay quienes la hacen subir a doce y aun a quince millones. La Conquista fue, ante todo, una tremenda carnicería. Los conquistadores españoles, por su escaso número, no podían imponer su dominio sino aterrorizando a la población indígena, en la cual produjeron una impresión supersticiosa las armas y los caballos de los invasores, mirados como seres sobrenaturales. La organización política y económica de la Colonia, que siguió a la Conquista, no puso término al exterminio de la raza indígena. El Virreinato estableció un régimen de brutal explotación. La codicia de los metales preciosos, orientó la actividad económica española hacia la explotación de las minas que, bajo los inkas, habían sido trabajadas en muy modesta escala, en razón de no tener el oro y la plata sino aplicaciones ornamentales y de ignorar los indios, que componían un pueblo esencialmente agrícola, el empleo del hierro. Establecieron los españoles, para la explotación de las minas y los «obrajes», un sistema abrumador de trabajos forzados y gratuitos, que diezmó la población aborigen. Esta no quedó así reducida solo a un estado de servidumbre —como habría acontecido si los españoles se hubiesen limitado a la explotación de las tierras conservando el carácter agrario del país— sino, en gran parte, a un estado de esclavitud. No faltaron voces humanitarias y civilizadoras que asumieron ante el Rey de España la defensa de los indios. El padre de Las Casas sobresalió eficazmente en esta defensa. Las Leyes de Indias se inspiraron en propósitos de protección de los indios, reconociendo su organización típica en «comunidades». Pero, prácticamente, los indios continuaron a merced de una feudalidad despiadada que destruyó la sociedad y la economía inkaicas, sin sustituirlas con un orden capaz de organizar progresivamente la producción. La tendencia de los españoles a establecerse en la Costa ahuyentó de esta región a los aborígenes a tal punto que se carecía de brazos para el trabajo. El Virreinato quiso resolver este problema mediante la importación de esclavos negros, gente que resultó adecuada al clima y las fatigas de los valles o llanos cálidos de la Costa, e inaparente, en cambio, para el trabajo de las minas, situadas en la Sierra fría. El esclavo negro reforzó la dominación española que a pesar de la despoblación indígena, se habría sentido de otro modo demográficamente demasiado débil frente al indio, aunque sometido, hostil y enemigo. El negro fue dedicado al servicio doméstico y a los oficios. El blanco se mezcló fácilmente con el negro, produciendo este mestizaje uno de los tipos de población costeña con características de mayor adhesión a lo español y mayor resistencia a lo indígena.

La Revolución de la Independencia no constituyó, como se sabe, un movimiento indígena. La promovieron y usufructuaron los criollos y aun los españoles de las colonias. Pero aprovechó el apoyo de la masa indígena. Y, además, algunos indios ilustrados como Pumacahua, tuvieron en su gestación parte importante. El programa liberal de la Revolución comprendía lógicamente la redención del indio, consecuencia automática de la aplicación de sus postulados igualitarios. Y, así, entre los primeros actos de la República, se contaron varias leyes y decretos favorables a los indios. Se ordenó el reparto de tierras, la abolición de los trabajos gratuitos, etc.; pero no representando la revolución en el Perú el advenimiento de una nueva clase dirigente, todas estas disposiciones quedaron solo escritas, faltas de gobernantes capaces de actuarlas. La aristocracia latifundista de la Colonia, dueña del poder, conservó intactos sus derechos feudales sobre la tierra y, por consiguiente, sobre el indio. Todas las disposiciones aparentemente enderezadas a protegerlo, no han podido nada contra la feudalidad subsistente hasta hoy.

El Virreinato aparece menos culpable que la República. Al Virreinato le corresponde, originalmente, toda la responsabilidad de la miseria y la depresión de los indios. Pero, en ese tiempo inquisitorial, una gran voz cristiana, la de fray Bartolomé de Las Casas, defendió vibrantemente a los indios contra los métodos brutales de los colonizadores. No ha habido en la República un defensor tan eficaz y tan porfiado de la raza aborigen.

Mientras el Virreinato era un régimen medioeval y extranjero, la República es formalmente un régimen peruano y liberal. Tiene, por consiguiente, la República deberes que no tenía el Virreinato. A la República le tocaba elevar la condición del indio. Y contrariando este deber, la República ha pauperizado al indio, ha agravado su depresión y ha exasperado su miseria. La República ha significado para los indios la ascensión de una nueva clase dominante que se ha apropiado sistemáticamente de sus tierras. En una raza de costumbre y de alma agrarias, como la raza indígena, este despojo ha constituido una causa de disolución material y moral. La tierra ha sido siempre toda la alegría del indio. El indio ha desposado la tierra. Siente que «la vida viene de la tierra» y vuelve a la tierra. Por ende, el indio puede ser indiferente a todo, menos a la posesión de la tierra que sus manos y su aliento labran y fecundan religiosamente. La feudalidad criolla se ha comportado, a este respecto, más ávida y más duramente que la feudalidad española. En general, en el encomendero español había frecuentemente algunos hábitos nobles de señorío. El encomendero criollo tiene todos los defectos del plebeyo y ninguna de las virtudes del hidalgo. La servidumbre del indio, en suma, no ha disminuido bajo la República. Todas las revueltas, todas las tempestades del indio, han sido ahogadas en sangre. A las reivindicaciones desesperadas del indio les ha sido dada siempre una respuesta marcial. El silencio de la puna ha guardado luego el trágico secreto de estas respuestas. La República ha restaurado, en fin, bajo el título de conscripción vial, el régimen de las mitas.

La República, además, es responsable de haber aletargado y debilitado las energías de la raza. La causa de la redención del indio se convirtió bajo la República, en una especulación demagógica de algunos caudillos. Los partidos criollos la inscribieron en su programa. Disminuyeron así en los indios la voluntad de luchar por sus reivindicaciones.

En la Sierra, la región habitada principalmente por los indios, subsiste apenas modificada en sus lineamientos, la más bárbara y omnipotente feudalidad. El dominio de la tierra coloca en manos de los gamonales, la suerte de la raza indígena, caída en un grado extremo de depresión y de ignorancia. Además de la agricultura, trabajada muy primitivamente, la Sierra peruana presenta otra actividad económica: la minería, casi totalmente en manos de dos grandes empresas norteamericanas. En las minas rige el salariado; pero la paga es ínfima, la defensa de la vida del obrero casi nula, la ley de accidentes de trabajo burlada. El sistema del «enganche», que por medio de anticipos falaces esclaviza al obrero, coloca a los indios a merced de estas empresas capitalistas. Es tanta la miseria a que los condena la feudalidad agraria, que los indios encuentran preferible, con todo, la suerte que les ofrecen las minas.

La propagación en el Perú de las ideas socialistas ha traído como consecuencia un fuerte movimiento de reivindicación indígena. La nueva generación peruana siente y sabe que el progreso del Perú será ficticio, o por lo menos no será peruano, mientras no constituya la obra y no signifique el bienestar de la masa peruana que en sus cuatro quintas partes es indígena y campesina. Este mismo movimiento se manifiesta en el arte y en la literatura nacionales en los cuales se nota una creciente revalorización de las formas y asuntos autóctonos, antes depreciados por el predominio de un espíritu y una mentalidad coloniales españolas. La literatura indigenista parece destinada a cumplir la misma función que la literatura «mujikista» en el período prerrevolucionario ruso. Los propios indios empiezan a dar señales de una nueva conciencia. Crece día a día la articulación entre los diversos núcleos indígenas antes incomunicados por las enormes distancias. Inició esta vinculación, la reunión periódica de congresos indígenas, patrocinada por el Gobierno, pero como el carácter de sus reivindicaciones se hizo pronto revolucionario, fue desnaturalizada luego con la exclusión de los elementos avanzados y la leva de representaciones apócrifas. La corriente indigenista presiona ya la acción oficial. Por primera vez el Gobierno se ha visto obligado a aceptar y proclamar puntos de vista indigenistas, dictando algunas medidas que no tocan los intereses del gamonalismo y que resultan por esto ineficaces. Por primera vez también el problema indígena, escamoteado antes por la retórica de las clases dirigentes, es planteado en sus términos sociales y económicos, identificándosele ante todo con el problema de la tierra. Cada día se impone, con más evidencia, la convicción de que este problema no puede encontrar su solución en una fórmula humanitaria. No puede ser la consecuencia de un movimiento filantrópico. Los patronatos de caciques y de rábulas son una befa. Las ligas del tipo de la extinguida Asociación Pro-Indígena son una voz que clama en el desierto. La Asociación Pro-Indígena no llegó en su tiempo a convertirse en un movimiento. Su acción se redujo gradualmente a la acción generosa, abnegada, nobilísima, personal de Pedro S. Zulen y Dora Mayer. Como experimento, el de la Asociación Pro-Indígena sirvió para contrastar, para medir, la insensibilidad moral de una generación y de una época.

La solución del problema del indio tiene que ser una solución social. Sus realizadores deben ser los propios indios. Este concepto conduce a ver en la reunión de los congresos indígenas un hecho histórico. Los congresos indígenas, desvirtuados en los últimos años por el burocratismo, no representaban todavía un programa; pero sus primeras reuniones señalaron una ruta comunicando a los indios de las diversas regiones. A los indios les falta vinculación nacional. Sus protestas han sido siempre regionales. Esto ha contribuido, en gran parte, a su abatimiento. Un pueblo de cuatro millones de hombres, consciente de su número, no desespera nunca de su porvenir. Los mismos cuatro millones de hombres, mientras no sean sino una masa inorgánica, una muchedumbre dispersa, son incapaces de decidir su rumbo histórico.

El problema de la tierra

El problema agrario y el problema del indio

Quienes desde puntos de vista socialistas estudiamos y definimos el problema del indio, empezamos por declarar absolutamente superados los puntos de vista humanitarios o filantrópicos, en que, como una prolongación de la apostólica batalla del padre de Las Casas, se apoyaba la antigua campaña pro-indígena. Nuestro primer esfuerzo tiende a establecer su carácter de problema fundamentalmente económico. Insurgimos primeramente, contra la tendencia instintiva —y defensiva— del criollo o «misti», a reducirlo a un problema exclusivamente administrativo, pedagógico, étnico o moral, para escapar a toda costa del plano de la economía. Por esto, el más absurdo de los reproches que se nos pueden dirigir es el de lirismo o literaturismo. Colocando en primer plano el problema económico-social, asumimos la actitud menos lírica y menos literaria posible. No nos contentamos con reivindicar el derecho del indio a la educación, a la cultura, al progreso, al amor y al cielo. Comenzamos por reivindicar, categóricamente, su derecho a la tierra. Esta reivindicación perfectamente materialista, debería bastar para que no se nos confundiese con los herederos o repetidores del verbo evangélico del gran fraile español, a quien, de otra parte, tanto materialismo no nos impide admirar y estimar fervorosamente.

Y este problema de la tierra —cuya solidaridad con el problema del indio es demasiado evidente—, tampoco nos avenimos a atenuarlo o adelgazarlo oportunistamente. Todo lo contrario. Por mi parte, yo trato de plantearlo en términos absolutamente inequívocos y netos.

El problema agrario se presenta, ante todo, como el problema de la liquidación de la feudalidad en el Perú. Esta liquidación debía haber sido realizada ya por el régimen demoburgués formalmente establecido por la revolución de la independencia. Pero en el Perú no hemos tenido en cien años de república, una verdadera clase burguesa, una verdadera clase capitalista. La antigua clase feudal —camuflada o disfrazada de burguesía republicana— ha conservado sus posiciones. La política de desamortización de la propiedad agraria iniciada por la revolución de la Independencia —como una consecuencia lógica de su ideología—, no condujo al desenvolvimiento de la pequeña propiedad. La vieja clase terrateniente no había perdido su predominio. La supervivencia de un régimen de latifundistas produjo, en la práctica, el mantenimiento del latifundio. Sabido es que la desamortización atacó más bien a la comunidad. Y el hecho es que durante un siglo de república, la gran propiedad agraria se ha reforzado y engrandecido a despecho del liberalismo teórico de nuestra Constitución y de las necesidades prácticas del desarrollo de nuestra economía capitalista.

Las expresiones de la feudalidad sobreviviente son dos: latifundio y servidumbre. Expresiones solidarias y consustanciales, cuyo análisis nos conduce a la conclusión de que no se puede liquidar la servidumbre, que pesa sobre la raza indígena, sin liquidar el latifundio.

Planteado así el problema agrario del Perú, no se presta a deformaciones equívocas. Aparece en toda su magnitud de problema económico-social —y por tanto político— del dominio de los hombres que actúan en este plano de hechos e ideas. Y resulta vano todo empeño de convertirlo, por ejemplo, en un problema técnico-agrícola del dominio de los agrónomos.

Nadie ignora que la solución liberal de este problema sería, conforme a la ideología individualista, el fraccionamiento de los latifundios para crear la pequeña propiedad. Es tan desmesurado el desconocimiento, que se constata a cada paso, entre nosotros, de los principios elementales del socialismo, que no será nunca obvio ni ocioso insistir en que esta fórmula —fraccionamiento de los latifundios en favor de la pequeña propiedad— no es utopista, ni herética, ni revolucionaria, ni bolchevique, ni vanguardista, sino ortodoxa, constitucional, democrática, capitalista y burguesa. Y que tiene su origen en el ideario liberal en que se inspiran los Estatutos constitucionales de todos los Estados demoburgueses. Y que en los países de la Europa Central y Oriental —donde la crisis bélica trajo por tierra las últimas murallas de la feudalidad, con el consenso del capitalismo de Occidente que desde entonces opone precisamente a Rusia este bloque de países anti-bolcheviques—, en Checoslovaquia, Rumania, Polonia, Bulgaria, etc., se ha sancionado leyes agrarias que limitan, en principio, la propiedad de la tierra, al máximum de 500 hectáreas.

Congruentemente con mi posición ideológica, yo pienso que la hora de ensayar en el Perú el método liberal, la fórmula individualista, ha pasado ya. Dejando aparte las razones doctrinales, considero fundamentalmente este factor incontestable y concreto que da un carácter peculiar a nuestro problema agrario: la supervivencia de la comunidad y de elementos de socialismo práctico en la agricultura y la vida indígenas.

Pero quienes se mantienen dentro de la doctrina demoliberal —si buscan de veras una solución al problema del indio, que redima a éste, ante todo, de su servidumbre—, pueden dirigir la mirada a la experiencia checa o rumana, dado que la mexicana, por su inspiración y su proceso, les parece un ejemplo peligroso. Para ellos es aún tiempo de propugnar la fórmula liberal. Si lo hicieran, lograrían, al menos, que en el debate del problema agrario provocado por la nueva generación, no estuviese del todo ausente el pensamiento liberal, que, según la historia escrita, rige la vida del Perú desde la fundación de la República.

Colonialismo = Feudalismo

El problema de la tierra esclarece la actitud vanguardista o socialista, ante las supervivencias del Virreinato. El «perricholismo» literario no nos interesa sino como signo o reflejo del colonialismo económico. La herencia colonial que queremos liquidar no es, fundamentalmente, la de «tapadas» y celosías, sino la del régimen económico feudal, cuyas expresiones son el gamonalismo, el latifundio y la servidumbre. La literatura colonialista —evocación nostálgica del Virreinato y de sus fastos—, no es para mí sino el mediocre producto de un espíritu engendrado y alimentado por ese régimen. El Virreinato no sobrevive en el «perricholismo» de algunos trovadores y algunos cronistas. Sobrevive en el feudalismo, en el cual se asienta, sin imponerle todavía su ley, un capitalismo larvado e incipiente. No renegamos, propiamente, la herencia española; renegamos la herencia feudal.

España nos trajo el Medioevo: inquisición, feudalidad, etc. Nos trajo luego, la Contrarreforma: espíritu reaccionario, método jesuítico, casuismo escolástico. De la mayor parte de estas cosas, nos hemos ido liberando, penosamente, mediante la asimilación de la cultura occidental, obtenida a veces a través de la propia España. Pero de su cimiento económico, arraigado en los intereses de una clase cuya hegemonía no canceló la revolución de la independencia, no nos hemos liberado todavía. Los raigones de la feudalidad están intactos. Su subsistencia es responsable, por ejemplo, del retardamiento de nuestro desarrollo capitalista.

El régimen de propiedad de la tierra determina el régimen político y administrativo de toda nación. El problema agrario —que la República no ha podido hasta ahora resolver— domina todos los problemas de la nuestra. Sobre una economía semifeudal no pueden prosperar ni funcionar instituciones democráticas y liberales.

En lo que concierne al problema indígena, la subordinación al problema de la tierra resulta más absoluta aún, por razones especiales. La raza indígena es una raza de agricultores. El pueblo inkaico era un pueblo de campesinos, dedicados ordinariamente a la agricultura y el pastoreo. Las industrias, las artes, tenían un carácter doméstico y rural. En el Perú de los Inkas era más cierto que en pueblo alguno el principio de que «la vida viene de la tierra». Los trabajos públicos, las obras colectivas más admirables del Tawantinsuyo, tuvieron un objeto militar, religioso o agrícola. Los canales de irrigación de la sierra y de la costa, los andenes y terrazas de cultivo de los Andes, quedan como los mejores testimonios del grado de organización económica alcanzado por el Perú inkaico. Su civilización se caracterizaba, en todos sus rasgos dominantes, como una civilización agraria. «La tierra —escribe Valcárcel estudiando la vida económica del Tawantinsuyo— en la tradición regnícola, es la madre común: de sus entrañas no solo salen los frutos alimenticios, sino el hombre mismo. La tierra depara todos los bienes. El culto de la Mama Pacha es par de la heliolatría, y como el Sol no es de nadie en particular, tampoco el planeta lo es. Hermanados los dos conceptos en la ideología aborigen, nació el agrarismo, que es propiedad comunitaria de los campos y religión universal del astro del día.»[10]

10 Luis E. Valcárcel, *Del Ayllu al Imperio*, pág. 166.

Al comunismo inkaico —que no puede ser negado ni disminuido por haberse desenvuelto bajo el régimen autocrático de los Inkas—, se le designa por esto como comunismo agrario. Los caracteres fundamentales de la economía inkaica —según César Ugarte, que define en general los rasgos de nuestro proceso con suma ponderación—, eran los siguientes: «Propiedad colectiva de la tierra cultivable por el "ayllu" o conjunto de familias emparentadas, aunque dividida en lotes individuales intransferibles; propiedad colectiva de las aguas, tierras de pasto y bosques por la marca o tribu, o sea la federación de ayllus establecidos alrededor de una misma aldea; cooperación común en el trabajo; apropiación individual de las cosechas y frutos.»[11]

La destrucción de esta economía —y por ende de la cultura que se nutría de su savia— es una de las responsabilidades menos discutibles del coloniaje, no por haber constituido la destrucción de las formas autóctonas, sino por no haber traído consigo su sustitución por formas superiores. El régimen colonial desorganizó y aniquiló la economía agraria inkaica, sin reemplazarla por una economía de mayores rendimientos. Bajo una aristocracia indígena, los nativos componían una nación de diez millones de hombres, con un Estado eficiente y orgánico cuya acción arribaba a todos los ámbitos de su soberanía; bajo una aristocracia extranjera, los nativos se redujeron a una dispersa y anárquica masa de un millón de hombres, caídos en la servidumbre y el «felahísmo».

El dato demográfico es, a este respecto, el más fehaciente y decisivo. Contra todos los reproches que —en el nombre de conceptos liberales, esto es modernos, de libertad y justicia— se puedan hacer al régimen inkaico, está el hecho histórico —positivo, material— de que aseguraba la subsistencia y el

---

11 César Antonio Ugarte, *Bosquejo de la Historia Económica del Perú*, pág. 9.

crecimiento de una población que, cuando arribaron al Perú los conquistadores, ascendía a diez millones y que, en tres siglos de dominio español, descendió a un millón. Este hecho condena al coloniaje y no desde los puntos de vista abstractos o teóricos o morales —o como quiera calificárseles— de la justicia, sino desde los puntos de vista prácticos, concretos y materiales de la utilidad.

El coloniaje, impotente para organizar en el Perú al menos una economía feudal, injertó en ésta elementos de economía esclavista.

La política del coloniaje: Despoblación y esclavitud
Que el régimen colonial español resultara incapaz de organizar en el Perú una economía de puro tipo feudal se explica claramente. No es posible organizar una economía sin claro entendimiento y segura estimación, si no de sus principios, al menos de sus necesidades. Una economía indígena, orgánica, nativa, se forma sola. Ella misma determina espontáneamente sus instituciones. Pero una economía colonial se establece sobre bases en parte artificiales y extranjeras, subordinada al interés del colonizador. Su desarrollo regular depende de la aptitud de éste para adaptarse a las condiciones ambientales o para transformarlas.

El colonizador español carecía radicalmente de esta aptitud. Tenía una idea, un poco fantástica, del valor económico de los tesoros de la naturaleza, pero no tenía casi idea alguna del valor económico del hombre.

La práctica de exterminio de la población indígena y de destrucción de sus instituciones —en contraste muchas veces con las leyes y providencias de la metrópoli— empobrecía y desangraba al fabuloso país ganado por los conquistadores para el Rey de España, en una medida que éstos no eran capaces de percibir y apreciar. Formulando un principio de la economía de su época, un estadista sudamericano del siglo XIX debía decir más tarde, impresionado por el espectáculo de un continente semidesierto: «Gobernar es poblar». El colonizador español, infinitamente lejano de este criterio, implantó en el Perú un régimen de despoblación.

La persecución y esclavizamiento de los indios deshacía velozmente un capital subestimado en grado inverosímil por los colonizadores: el capital humano. Los españoles se encontraron cada día más necesitados de brazos para la explotación y aprovechamiento de las riquezas conquistadas. Recurrieron entonces al sistema más antisocial y primitivo de colonización: el de la importación de esclavos. El colonizador renunciaba así, de otro lado, a la empresa para la cual antes se sintió apto el conquistador: la de asimilar al indio. La raza negra traída por él le tenía que servir, entre otras cosas, para reducir el desequilibrio demográfico entre el blanco y el indio.

La codicia de los metales preciosos —absolutamente lógica en un siglo en que tierras tan distantes casi no podían mandar a Europa otros productos—, empujó a los españoles a ocuparse preferentemente en la minería. Su interés pugnaba por convertir en un pueblo minero al que, bajo sus inkas y desde sus más remotos orígenes, había sido un pueblo fundamentalmente agrario. De este hecho nació la necesidad de imponer al indio la dura ley de la esclavitud. El trabajo del agro, dentro de un régimen naturalmente feudal, hubiera hecho del indio un siervo vinculándolo a la tierra. El trabajo de las minas y las ciudades, debía hacer de él un esclavo. Los españoles establecieron, con el sistema de las mitas, el trabajo forzado, arrancando al indio de su suelo y de sus costumbres.

La importación de esclavos negros que abasteció de braceros y domésticos a la población española de la costa, donde se encontraba la sede y corte del Virreinato, contribuyó a que España no advirtiera su error económico y político. El esclavismo se arraigó en el régimen, viciándolo y enfermándolo.

El profesor Javier Prado, desde puntos de vista que no son naturalmente los míos, arribó en su estudio sobre el estado social del Perú del coloniaje a conclusiones que contemplan precisamente un aspecto de este fracaso de la empresa colonizadora: «Los negros —dice— considerados como mercancía comercial, e importados a la América, como máquinas humanas de trabajo, debían regar la tierra con el sudor de su frente; pero sin fecundarla, sin dejar frutos provechosos. Es la liquidación constante siempre igual que hace la civilización en la historia de los pueblos: el esclavo es improductivo en el trabajo como lo fue en el Imperio Romano y como lo ha sido en el Perú; y es en el organismo social un cáncer que va corrompiendo los sentimientos y los ideales nacionales. De esta suerte ha desaparecido el esclavo en el Perú, sin dejar los campos cultivados; y después de haberse vengado de la raza blanca, mezclando su sangre con la de ésta, y rebajando en ese contubernio el criterio moral e intelectual, de los que fueron al principio sus crueles amos, y más tarde sus padrinos, sus compañeros y sus hermanos».[12]

La responsabilidad de que se puede acusar hoy al coloniaje, no es la de haber traído una raza inferior —éste era el reproche esencial de los sociólogos de hace medio siglo—, sino la de haber traído con los esclavos, la esclavitud, destinada a fracasar como medio de explotación y organización económicas de la colonia, a la vez que a reforzar un régimen fundado solo en la conquista y en la fuerza.

El carácter colonial de la agricultura de la costa, que no consigue aún librarse de esta tara, proviene en gran parte

---

12 Javier Prado, «Estado Social del Perú durante la dominación española», en *Anales Universitarios del Perú*, tomo XXII, págs. 125 y 126.

del sistema esclavista. El latifundista costeño no ha reclamado nunca, para fecundar sus tierras, hombres sino brazos. Por esto, cuando le faltaron los esclavos negros, les buscó un sucedáneo en los culis chinos. Esta otra importación típica de un régimen de «encomenderos» contrariaba y entrababa como la de los negros la formación regular de una economía liberal congruente con el orden político establecido por la revolución de la independencia. César Ugarte lo reconoce en su estudio ya citado sobre la economía peruana, afirmando resueltamente que lo que el Perú necesitaba no era «brazos» sino «hombres».[13]

El colonizador español
La incapacidad del coloniaje para organizar la economía peruana sobre sus naturales bases agrícolas, se explica por el tipo de colonizador que nos tocó. Mientras en Norteamérica la colonización depositó los gérmenes de un espíritu y una economía que se plasmaban entonces en Europa y a los cuales pertenecía el porvenir, a la América española trajo los efectos y los métodos de un espíritu y una economía que declinaban ya y a los cuales no pertenecía sino el pasado. Esta tesis puede parecer demasiado simplista a quienes consideran solo su aspecto de tesis económica y, supérstites, aunque lo ignoren, del viejo escolasticismo retórico, muestran esa falta de aptitud para entender el hecho económico que constituye el defecto capital de nuestros aficionados a la historia. Me complace por esto encontrar en el reciente libro de José Vasconcelos *Indología*, un juicio que tiene el valor de venir de un pensador a quien no se puede atribuir ni mucho marxismo ni poco hispanismo. «Si no hubiese tantas otras causas de orden moral y de orden físico —escribe Vasconcelos— que explican

---

13 Ugarte, obra citada, pág. 64.

perfectamente el espectáculo aparentemente desesperado del enorme progreso de los sajones en el Norte y el lento paso desorientado de los latinos del Sur, solo la comparación de los dos sistemas, de los dos regímenes de propiedad, bastaría para explicar las razones del contraste. En el Norte no hubo reyes que estuviesen disponiendo de la tierra ajena como de cosa propia. Sin mayor gracia de parte de sus monarcas y más bien en cierto estado de rebelión moral contra el monarca inglés, los colonizadores del norte fueron desarrollando un sistema de propiedad privada en el cual cada quien pagaba el precio de su tierra y no ocupaba sino la extensión que podía cultivar. Así fue que en lugar de encomiendas hubo cultivos. Y en vez de una aristocracia guerrera y agrícola, con timbres de turbio abolengo real, abolengo cortesano de abyección y homicidio, se desarrolló una aristocracia de la aptitud que es lo que se llama democracia, una democracia que en sus comienzos no reconoció más preceptos que los del lema francés: libertad, igualdad, fraternidad. Los hombres del norte fueron conquistando la selva virgen, pero no permitían que el general victorioso en la lucha contra los indios se apoderase, a la manera antigua nuestra, "hasta donde alcanza la vista". Las tierras recién conquistadas no quedaban tampoco a merced del soberano para que las repartiese a su arbitrio y crease nobleza de doble condición moral: lacayuna ante el soberano e insolente y opresora del más débil. En el Norte, la República coincidió con el gran movimiento de expansión y la República apartó una buena cantidad de las tierras buenas, creó grandes reservas sustraídas al comercio privado, pero no las empleó en crear ducados, ni en premiar servicios patrióticos, sino que las destinó al fomento de la instrucción popular. Y así, a medida que una población crecía, el aumento del valor de las tierras bastaba para asegurar el servicio de la enseñanza. Y cada vez que se levantaba una nueva ciudad en medio del desierto no era el régimen de concesión, el régimen de favor el que privaba, sino el remate público de los lotes en que previamente se subdividía el plano de la futura urbe. Y con la limitación de que una sola persona no pudiera adquirir muchos lotes a la vez. De este sabio, de este justiciero régimen social procede el gran poderío norteamericano. Por no haber procedido en forma semejante, nosotros hemos ido caminando tantas veces para atrás.»[14]

La feudalidad es, como resulta del juicio de Vasconcelos, la tara que nos dejó el coloniaje. Los países que, después de la Independencia, han conseguido curarse de esa tara son los que han progresado; los que no lo han logrado todavía, son los retardados. Ya hemos visto cómo a la tara de la feudalidad, se juntó la tara del esclavismo.

El español no tenía las condiciones de colonización del anglosajón. La creación de los EE.UU. se presenta como la obra del pioneer. España después de la epopeya de la conquista no nos mandó casi sino nobles, clérigos y villanos. Los conquistadores eran de una estirpe heroica; los colonizadores, no. Se sentían señores, no se sentían pioneers. Los que pensaron que la riqueza del Perú eran sus metales preciosos, convirtieron a la minería, con la práctica de las mitas, en un factor de aniquilamiento del capital humano y de decadencia de la agricultura. En el propio repertorio civilista encontramos testimonios de acusación. Javier Prado escribe que «el estado que presenta la agricultura en el virreinato del Perú es del todo lamentable debido al absurdo sistema económico mantenido por los españoles», y que de la despoblación del país era culpable su régimen de explotación.[15]

El colonizador, que en vez de establecerse en los campos se estableció en las minas, tenía la psicología del buscador de

---

14 José Vasconcelos, *Indología*.
15 Javier Prado, obra citada, pág. 37.

oro. No era, por consiguiente, un creador de riqueza. Una economía, una sociedad, son la obra de los que colonizan y vivifican la tierra; no de los que precariamente extraen los tesoros de su subsuelo. La historia del florecimiento y decadencia de no pocas poblaciones coloniales de la sierra, determinados por el descubrimiento y el abandono de minas prontamente agotadas o relegadas, demuestra ampliamente entre nosotros esta ley histórica.

Tal vez las únicas falanges de verdaderos colonizadores que nos envió España fueron las misiones de jesuitas y dominicos. Ambas congregaciones, especialmente la de jesuitas, crearon en el Perú varios interesantes núcleos de producción. Los jesuitas asociaron en su empresa los factores religioso, político y económico, no en la misma medida que en el Paraguay, donde realizaron su más famoso y extenso experimento, pero sí de acuerdo con los mismos principios.

Esta función de las congregaciones no solo se conforma con toda la política de los jesuitas en la América española, sino con la tradición misma de los monasterios en el Medioevo. Los monasterios tuvieron en la sociedad medioeval, entre otros, un rol económico. En una época guerrera y mística, se encargaron de salvar la técnica de los oficios y las artes, disciplinando y cultivando elementos sobre los cuales debía constituirse más tarde la industria burguesa. Jorge Sorel es uno de los economistas modernos que mejor remarca y define el papel de los monasterios en la economía europea, estudiando a la orden benedictina como el prototipo del monasterio-empresa industrial. «Hallar capitales —apunta Sorel— era en ese tiempo un problema muy difícil de resolver; para los monjes era asaz simple. Muy rápidamente las donaciones de ricas familias les prodigaron grandes cantidades de metales preciosos; la acumulación primitiva resultaba muy facilitada. Por otra parte los conventos gastaban poco y la estricta economía que imponían las reglas recuerda los hábitos parsimoniosos de los primeros capitalistas. Durante largo tiempo los monjes estuvieron en grado de hacer operaciones excelentes para aumentar su fortuna.» Sorel nos expone, cómo «después de haber prestado a Europa servicios eminentes que todo el mundo reconoce, estas instituciones declinaron rápidamente» y cómo los benedictinos «cesaron de ser obreros agrupados en un taller casi capitalista y se convirtieron en burgueses retirados de los negocios, que no pensaban sino en vivir en una dulce ociosidad en la campiña».[16]

Este aspecto de la colonización, como otros muchos de nuestra economía, no ha sido aún estudiado. Me ha correspondido a mí, marxista convicto y confeso, su constatación. Juzgo este estudio, fundamental para la justificación económica de las medidas que, en la futura política agraria, concernirán a los fundos de los conventos y congregaciones, porque establecerá concluyentemente la caducidad práctica de su dominio y de los títulos reales en que reposaba.

La «comunidad» bajo el coloniaje
Las Leyes de Indias amparaban la propiedad indígena y reconocían su organización comunista. La legislación relativa a las «comunidades» indígenas, se adaptó a la necesidad de no atacar las instituciones ni las costumbres indiferentes al espíritu religioso y al carácter político del Coloniaje. El comunismo agrario del «ayllu», una vez destruido el Estado Inkaico, no era incompatible con el uno ni con el otro. Todo lo contrario. Los jesuitas aprovecharon precisamente el comunismo indígena en el Perú, en México y en mayor escala aún en el Paraguay, para sus fines de catequización. El régi-

---

16 Georges Sorel, *Introduction à l'economie moderne*, págs. 120 y 130.

men medioeval, teórica y prácticamente, conciliaba la propiedad feudal con la propiedad comunitaria.

El reconocimiento de las comunidades y de sus costumbres económicas por las Leyes de Indias, no acusa simplemente sagacidad realista de la política colonial sino se ajusta absolutamente a la teoría y la práctica feudales. Las disposiciones de las leyes coloniales sobre la comunidad, que mantenían sin inconveniente el mecanismo económico de ésta, reformaban, en cambio, lógicamente, las costumbres contrarias a la doctrina católica (la prueba matrimonial, etc.) y tendían a convertir la comunidad en una rueda de su maquinaria administrativa y fiscal. La comunidad podía y debía subsistir, para la mayor gloria y provecho del Rey y de la Iglesia.

Sabemos bien que esta legislación en gran parte quedó únicamente escrita. La propiedad indígena no pudo ser suficientemente amparada, por razones dependientes de la práctica colonial. Sobre este hecho están de acuerdo todos los testimonios. Ugarte hace las siguientes constataciones: «Ni las medidas previsoras de Toledo, ni las que en diferentes oportunidades trataron de ponerse en práctica, impidieron que una gran parte de la propiedad indígena pasara legal o ilegalmente a manos de los españoles o criollos. Una de las instituciones que facilitó este despojo disimulado fue la de las "Encomiendas". Conforme al concepto legal de la institución, el encomendero era un encargado del cobro de los tributos y de la educación y cristianización de sus tributarios. Pero en la realidad de las cosas, era un señor feudal, dueño de vidas y haciendas, pues disponía de los indios como si fueran árboles del bosque y muertos ellos o ausentes, se apoderaba por uno u otro medio de sus tierras. En resumen, el régimen agrario colonial determinó la sustitución de una gran parte de las comunidades agrarias indígenas por latifundios de propiedad individual, cultivados por los indios bajo una organización feudal. Estos grandes feudos, lejos de dividirse con el transcurso del tiempo, se concentraron y consolidaron en pocas manos a causa de que la propiedad inmueble estaba sujeta a innumerables trabas y gravámenes perpetuos que la inmovilizaron, tales como los mayorazgos, las capellanías, las fundaciones, los patronatos y demás vinculaciones de la propiedad».[17]

La feudalidad dejó análogamente subsistentes las comunas rurales en Rusia, país con el cual es siempre interesante el paralelo porque a su proceso histórico se aproxima el de estos países agrícolas y semifeudales mucho más que al de los países capitalistas de Occidente. Eugéne Schkaff, estudiando la evolución del mir en Rusia, escribe: «Como los señores respondían por los impuestos, quisieron que cada campesino tuviera más o menos la misma superficie de tierra para que cada uno contribuyera con su trabajo a pagar los impuestos; y para que la efectividad de éstos estuviera asegurada, establecieron la responsabilidad solidaria. El gobierno la extendió a los demás campesinos. Los repartos tenían lugar cuando el número de siervos había variado. El feudalismo y el absolutismo transformaron poco a poco la organización comunal de los campesinos en instrumento de explotación. La emancipación de los siervos no aportó, bajo este aspecto, ningún cambio».[18] Bajo el régimen de propiedad señorial, el mir ruso, como la comunidad peruana, experimentó una completa desnaturalización. La superficie de tierras disponibles para los comuneros resultaba cada vez más insuficiente y su repartición cada vez más defectuosa. El mir no garantizaba a los campesinos la tierra necesaria para su sustento; en cambio garantizaba a los propietarios la provisión de brazos indispensables para el trabajo de sus latifundios. Cuando en

---

17 Ugarte, obra citada, pág. 24.
18 Eugéne Schkaff, *La Question Agraire en Russie*, pág. 118.

1861 se abolió la servidumbre, los propietarios encontraron el modo de subrogarla reduciendo los lotes concedidos a sus campesinos a una extensión que no les consintiese subsistir de sus propios productos. La agricultura rusa conservó, de este modo, su carácter feudal. El latifundista empleó en su provecho la reforma. Se había dado cuenta ya de que estaba en su interés otorgar a los campesinos una parcela, siempre que no bastara para la subsistencia de él y de su familia. No había medio más seguro para vincular el campesino a la tierra, limitando al mismo tiempo, al mínimo, su emigración. El campesino se veía forzado a prestar sus servicios al propietario, quien contaba para obligarlo al trabajo en su latifundio —si no hubiese bastado la miseria a que lo condenaba la ínfima parcela— con el dominio de prados, bosques, molinos, aguas, etc.

La convivencia de comunidad y latifundio en el Perú, está, pues, perfectamente explicada, no solo por las características del régimen del Coloniaje sino también por la experiencia de la Europa feudal. Pero la comunidad, bajo este régimen, no podía ser verdaderamente amparada sino apenas tolerada. El latifundista le imponía la ley de su fuerza despótica sin control posible del Estado. La comunidad sobrevivía, pero dentro de un régimen de servidumbre. Antes había sido la célula misma del Estado que le aseguraba el dinamismo necesario para el bienestar de sus miembros. El coloniaje la petrificaba dentro de la gran propiedad, base de un Estado nuevo, extraño a su destino.

El liberalismo de las leyes de la República, impotente para destruir la feudalidad y para crear el capitalismo, debía, más tarde, negarle el amparo formal que le había concedido el absolutismo de las leyes de la Colonia.

La revolución de la independencia y la propiedad agraria

Entremos a examinar ahora cómo se presenta el problema de la tierra bajo la República. Para precisar mis puntos de vista sobre este período, en lo que concierne a la cuestión agraria, debo insistir en un concepto que ya he expresado respecto al carácter de la revolución de la independencia en el Perú. La revolución encontró al Perú retrasado en la formación de su burguesía. Los elementos de una economía capitalista eran en nuestro país más embrionarios que en otros países de América donde la revolución contó con una burguesía menos larvada, menos incipiente.

Si la revolución hubiese sido un movimiento de las masas indígenas o hubiese representado sus reivindicaciones, habría tenido necesariamente una fisonomía agrarista. Está ya bien estudiado cómo la revolución francesa benefició particularmente a la clase rural, en la cual tuvo que apoyarse para evitar el retorno del antiguo régimen. Este fenómeno, además, parece peculiar en general así a la revolución burguesa como a la revolución socialista, a juzgar por las consecuencias mejor definidas y más estables del abatimiento de la feudalidad en la Europa central y del zarismo en Rusia. Dirigidas y actuadas principalmente por la burguesía urbana y el proletariado urbano, una y otra revolución han tenido como inmediatos usufructuarios a los campesinos. Particularmente en Rusia, ha sido ésta la clase que ha cosechado los primeros frutos de la revolución bolchevique, debido a que en ese país no se había operado aún una revolución burguesa que a su tiempo hubiera liquidado la feudalidad y el absolutismo e instaurado en su lugar un régimen demoliberal.

Pero, para que la revolución demoliberal haya tenido estos efectos, dos premisas han sido necesarias: la existencia de una burguesía consciente de los fines y los intereses de su acción y la existencia de un estado de ánimo revolucionario en la clase campesina y, sobre todo, su reivindicación del derecho a la tierra en términos incompatibles con el poder de la aristocracia terrateniente. En el Perú, menos todavía que en otros países de América, la revolución de la independencia no respondía a estas premisas. La revolución había triunfado por la obligada solidaridad continental de los pueblos que se rebelaban contra el dominio de España y porque las circunstancias políticas y económicas del mundo trabajaban a su favor. El nacionalismo continental de los revolucionarios hispanoamericanos se juntaba a esa mancomunidad forzosa de sus destinos, para nivelar a los pueblos más avanzados en su marcha al capitalismo con los más retrasados en la misma vía.

Estudiando la revolución argentina y por ende, la americana, Echeverría clasifica las clases en la siguiente forma: «La sociedad americana —dice— estaba dividida en tres clases opuestas en intereses, sin vínculo alguno de sociabilidad moral y política. Componían la primera los togados, el clero y los mandones; la segunda los enriquecidos por el monopolio y el capricho de la fortuna; la tercera los villanos, llamados "gauchos" y "compadritos" en el Río de la Plata, "cholos" en el Perú, "rotos" en Chile, "leperos" en México. Las castas indígenas y africanas eran esclavas y tenían una existencia extrasocial. La primera gozaba sin producir y tenía el poder y fuero del hidalgo. Era la aristocracia compuesta en su mayor parte de españoles y de muy pocos americanos. La segunda gozaba, ejerciendo tranquilamente su industria o comercio, era la clase media que se sentaba en los cabildos; la tercera, única productora por el trabajo manual, componíase de artesanos y proletarios de todo género. Los descendientes americanos de las dos primeras clases que recibían alguna educación en América o en la Península, fueron los que levantaron el estandarte de la revolución».[19]

La revolución americana, en vez del conflicto entre la nobleza terrateniente y la burguesía comerciante, produjo en muchos casos su colaboración, ya por la impregnación de ideas liberales que acusaba la aristocracia, ya porque ésta en muchos casos no veía en esa revolución sino un movimiento de emancipación de la corona de España. La población campesina, que en el Perú era indígena, no tenía en la revolución una presencia directa, activa. El programa revolucionario no representaba sus reivindicaciones.

Mas este programa se inspiraba en el ideario liberal. La revolución no podía prescindir de principios que consideraban existentes reivindicaciones agrarias, fundadas en la necesidad práctica y en la justicia teórica de liberar el dominio de la tierra de las trabas feudales. La República insertó en su estatuto estos principios. El Perú no tenía una clase burguesa que los aplicase en armonía con sus intereses económicos y su doctrina política y jurídica. Pero la República —porque este era el curso y el mandato de la historia— debía constituirse sobre principios liberales y burgueses—. Solo que las consecuencias prácticas de la revolución en lo que se relacionaba con la propiedad agraria, no podían dejar de detenerse en el límite que les fijaban los intereses de los grandes propietarios.

Por esto, la política de desvinculación de la propiedad agraria, impuesta por los fundamentos políticos de la República, no atacó al latifundio. Y —aunque en compensación las nuevas leyes ordenaban el reparto de tierras a los indí-

---

19 Esteban Echeverría, *Antecedentes y primeros pasos de la Revolución de Mayo.*

genas— atacó, en cambio, en el nombre de los postulados liberales, a la «comunidad».

Se inauguró así un régimen que, cualesquiera que fuesen sus principios, empeoraba en cierto grado la condición de los indígenas en vez de mejorarla. Y esto no era culpa del ideario que inspiraba la nueva política y que, rectamente aplicado, debía haber dado fin al dominio feudal de la tierra convirtiendo a los indígenas en pequeños propietarios.

La nueva política abolía formalmente las «mitas», encomiendas, etc. Comprendía un conjunto de medidas que significaban la emancipación del indígena como siervo. Pero como, de otro lado, dejaba intactos el poder y la fuerza de la propiedad feudal, invalidaba sus propias medidas de protección de la pequeña propiedad y del trabajador de la tierra.

La aristocracia terrateniente, si no sus privilegios de principio, conservaba sus posiciones de hecho. Seguía siendo en el Perú la clase dominante. La revolución no había realmente elevado al poder a una nueva clase. La burguesía profesional y comerciante era muy débil para gobernar. La abolición de la servidumbre no pasaba, por esto, de ser una declaración teórica. Porque la revolución no había tocado el latifundio. Y la servidumbre no es sino una de las caras de la feudalidad, pero no la feudalidad misma.

Política agraria de la República

Durante el período de caudillaje militar que siguió a la revolución de la independencia, no pudo lógicamente desarrollarse, ni esbozarse siquiera, una política liberal sobre la propiedad agraria. El caudillaje militar era el producto natural de un período revolucionario que no había podido crear una nueva clase dirigente. El poder, dentro de esta situación, tenía que ser ejercido por los militares de la revolución que, de un lado, gozaban del prestigio marcial de sus laureles de guerra y, de otro lado, estaban en grado de mantenerse en el gobierno por la fuerza de las armas. Por supuesto, el caudillo no podía sustraerse al influjo de los intereses de clase o de las fuerzas históricas en contraste. Se apoyaba en el liberalismo inconsistente y retórico del demos urbano o el conservantismo colonialista de la casta terrateniente. Se inspiraba en la clientela de tribunos y abogados de la democracia citadina o de literatos y rétores de la aristocracia latifundista. Porque, en el conflicto de intereses entre liberales y conservadores, faltaba una directa y activa reivindicación campesina que obligase a los primeros a incluir en su programa la redistribución de la propiedad agraria.

Este problema básico habría sido advertido y apreciado de todos modos por un estadista superior. Pero ninguno de nuestros caciques militares de este período lo era.

El caudillaje militar, por otra parte, parece orgánicamente incapaz de una reforma de esta envergadura que requiere ante todo un avisado criterio jurídico y económico. Sus violencias producen una atmósfera adversa a la experimentación de los principios de un derecho y de una economía nuevos. Vasconcelos observa a este respecto lo siguiente: «En el orden económico es constantemente el caudillo el principal sostén del latifundio. Aunque a veces se proclamen enemigos de la propiedad, casi no hay caudillo que no remate en hacendado. Lo cierto es que el poder militar trae fatalmente consigo el delito de apropiación exclusiva de la tierra; llámese el soldado, caudillo, Rey o Emperador: despotismo y latifundio son términos correlativos. Y es natural, los derechos económicos, lo mismo que los políticos, solo se pueden conservar y defender dentro de un régimen de libertad. El absolutismo conduce fatalmente a la miseria de los muchos y al boato y al abuso de los pocos. Solo la democracia a pesar de todos sus defectos ha podido acercarnos a las mejores realizaciones de la justicia social, por lo menos la democracia antes de que degenere en los imperialismos de las repúblicas demasiado prósperas que se ven rodeadas de pueblos en decadencia. De todas maneras, entre nosotros el caudillo y el gobierno de los militares han cooperado al desarrollo del latifundio. Un examen siquiera superficial de los títulos de propiedad de nuestros grandes terratenientes, bastaría para demostrar que casi todos deben su haber, en un principio, a la merced de la Corona española, después a concesiones y favores ilegítimos acordados a los generales influyentes de nuestras falsas repúblicas. Las mercedes y las concesiones se han acordado, a cada paso, sin tener en cuenta los derechos de poblaciones enteras de indígenas o de mestizos que carecieron de fuerza para hacer valer su dominio».[20]

Un nuevo orden jurídico y económico no puede ser, en todo caso, la obra de un caudillo sino de una clase. Cuando la clase existe, el caudillo funciona como su intérprete y su fiduciario. No es ya su arbitrio personal, sino un conjunto de intereses y necesidades colectivas lo que decide su política. El Perú carecía de una clase burguesa capaz de organizar un Estado fuerte y apto. El militarismo representaba un orden elemental y provisorio, que apenas dejase de ser indispensable, tenía que ser sustituido por un orden más avanzado y orgánico. No era posible que comprendiese ni considerase siquiera el problema agrario. Problemas rudimentarios y momentáneos acaparaban su limitada acción. Con Castilla rindió su máximo fruto el caudillaje militar. Su oportunismo sagaz, su malicia aguda, su espíritu mal cultivado, su empi-

---

20 Vasconcelos, conferencia sobre «El Nacionalismo en la América Latina», en *Amauta* n.º 4, pág. 15. Este juicio, exacto en lo que respecta a las relaciones entre caudillaje militar y propiedad agraria en América, no es igualmente válido para todas las épocas y situaciones históricas. No es posible suscribirlo sin esta precisa reserva.

rismo absoluto, no le consintieron practicar hasta el fin una política liberal. Castilla se dio cuenta de que los liberales de su tiempo constituían un cenáculo, una agrupación, mas no una clase. Esto le indujo a evitar con cautela todo acto seriamente opuesto a los intereses y principios de la clase conservadora. Pero los méritos de su política residen en lo que tuvo de reformadora y progresista. Sus actos de mayor significación histórica, la abolición de la esclavitud de los negros y de la contribución de indígenas, representan su actitud liberal.

Desde la promulgación del Código Civil se entró en el Perú en un período de organización gradual. Casi no hace falta remarcar que esto acusaba entre otras cosas la decadencia del militarismo. El Código, inspirado en los mismos principios que los primeros decretos de la República sobre la tierra, reforzaba y continuaba la política de desvinculación y movilización de la propiedad agraria. Ugarte, registrando las consecuencias de este progreso de la legislación nacional en lo que concierne a la tierra, anota que el Código «confirmó la abolición legal de las comunidades indígenas y de las vinculaciones de dominio; innovando la legislación precedente, estableció la ocupación como uno de los modos de adquirir los inmuebles sin dueño; en las reglas sobre sucesiones, trató de favorecer la pequeña propiedad».[21]

Francisco García Calderón atribuye al Código Civil efectos que en verdad no tuvo o que, por lo menos, no revistieron el alcance radical y absoluto que su optimismo les asigna: «La constitución —escribe— había destruido los privilegios y la ley civil dividía las propiedades y arruinaba la igualdad de derecho en las familias. Las consecuencias de esta disposición eran, en el orden político, la condenación de toda oligarquía, de toda aristocracia de los latifundios; en el orden social, la ascensión de la burguesía y del mestizaje». «Bajo el

---

21 Ugarte, obra citada, pág. 57.

aspecto económico, la partición igualitaria de las sucesiones favoreció la formación de la pequeña propiedad antes entrabada por los grandes dominios señoriales.»[22]

Esto estaba sin duda en la intención de los codificadores del derecho en el Perú. Pero el Código Civil no es sino uno de los instrumentos de la política liberal y de la práctica capitalista. Como lo reconoce Ugarte, en la legislación peruana «se ve el propósito de favorecer la democratización de la propiedad rural, pero por medios puramente negativos aboliendo las trabas más bien que prestando a los agricultores una protección positiva».[23] En ninguna parte la división de la propiedad agraria, o mejor, su redistribución, ha sido posible sin leyes especiales de expropiación que han transferido el dominio del suelo a la clase que lo trabaja.

No obstante el Código, la pequeña propiedad no ha prosperado en el Perú. Por el contrario, el latifundio se ha consolidado y extendido. Y la propiedad de la comunidad indígena ha sido la única que ha sufrido las consecuencias de este liberalismo deformado.

La gran propiedad y el poder político

Los dos factores que se opusieron a que la revolución de la independencia planteara y abordara en el Perú el problema agrario —extrema incipiencia de la burguesía urbana y situación extrasocial, como la define Echeverría, de los indígenas—, impidieron más tarde que los gobiernos de la República desarrollasen una política dirigida en alguna forma a una distribución menos desigual e injusta de la tierra.

Durante el período del caudillaje militar, en vez de fortalecerse el demos urbano, se robusteció la aristocracia latifun-

---

22 *Le Pérou Contemporain*, págs. 98 y 99.
23 Ugarte, obra citada, pág. 58

dista. En poder de extranjeros el comercio y la finanza, no era posible económicamente el surgimiento de una vigorosa burguesía urbana. La educación española, extraña radicalmente a los fines y necesidades del industrialismo y del capitalismo, no preparaba comerciantes ni técnicos sino abogados, literatos, teólogos, etc. Estos, a menos de sentir una especial vocación por el jacobinismo o la demagogia, tenían que constituir la clientela de la casta propietaria. El capital comercial, casi exclusivamente extranjero, no podía a su vez hacer otra cosa que entenderse y asociarse con esta aristocracia que, por otra parte, tácita o explícitamente, conservaba su predominio político. Fue así como la aristocracia terrateniente y sus ralliés resultaron usufructuarios de la política fiscal y de la explotación del guano y del salitre. Fue así también como esta casta, forzada por su rol económico, asumió en el Perú la función de clase burguesa, aunque sin perder sus resabios y prejuicios coloniales y aristocráticos. Fue así, en fin, como las categorías burguesas urbanas —profesionales, comerciantes— concluyeron por ser absorbidas por el civilismo.

El poder de esta clase —civilistas o «neogodos»— procedía en buena cuenta de la propiedad de la tierra. En los primeros años de la Independencia, no era precisamente una clase de capitalistas sino una clase de propietarios. Su condición de clase propietaria —y no de clase ilustrada— le había consentido solidarizar sus intereses con los de los comerciantes y prestamistas extranjeros y traficar a este título con el Estado y la riqueza pública. La propiedad de la tierra, debida al Virreinato, le había dado bajo la República la posesión del capital comercial. Los privilegios de la Colonia habían engendrado los privilegios de la República.

Era, por consiguiente, natural e instintivo en esta clase el criterio más conservador respecto al dominio de la tierra. La subsistencia de la condición extrasocial de los indígenas, de otro lado, no oponía a los intereses feudales del latifundismo las reivindicaciones de masas campesinas conscientes.

Estos han sido los factores principales del mantenimiento y desarrollo de la gran propiedad. El liberalismo de la legislación republicana, inerte ante la propiedad feudal, se sentía activo solo ante la propiedad comunitaria. Si no podía nada contra el latifundio, podía mucho contra la «comunidad». En un pueblo de tradición comunista, disolver la «comunidad» no servía a crear la pequeña propiedad. No se transforma artificialmente a una sociedad. Menos aún a una sociedad campesina, profundamente adherida a su tradición y a sus instituciones jurídicas. El individualismo no ha tenido su origen en ningún país ni en la Constitución del Estado ni en el Código Civil. Su formación ha tenido siempre un proceso a la vez más complicado y más espontáneo. Destruir las comunidades no significaba convertir a los indígenas en pequeños propietarios y ni siquiera en asalariados libres, sino entregar sus tierras a los gamonales y a su clientela. El latifundista encontraba así, más fácilmente, el modo de vincular el indígena al latifundio.

Se pretende que el resorte de la concentración de la propiedad agraria en la costa ha sido la necesidad de los propietarios de disponer pacíficamente de suficiente cantidad de agua. La agricultura de riego, en valles formados por ríos de escaso caudal, ha determinado, según esta tesis, el florecimiento de la gran propiedad y el sofocamiento de la media y la pequeña. Pero esta es una tesis especiosa y solo en mínima parte exacta. Porque la razón técnica o material que superestima, únicamente influye en la concentración de la propiedad desde que se han establecido y desarrollado en la costa vastos cultivos industriales. Antes de que estos prosperaran, antes de que la agricultura de la costa adquiriera una organización capitalista, el móvil de los riegos era demasiado débil para decidir la concentración de la propiedad. Es cierto que la escasez de las aguas de regadío, por las dificultades de su distribución entre múltiples regantes, favorece a la gran propiedad. Mas no es cierto que ésta sea el origen de que la propiedad no se haya subdividido. Los orígenes del latifundio costeño se remontan al régimen colonial. La despoblación de la costa, a consecuencia de la práctica colonial, he ahí, a la vez que una de las consecuencias, una de las razones del régimen de gran propiedad. El problema de los brazos, el único que ha sentido el terrateniente costeño, tiene todas sus raíces en el latifundio. Los terratenientes quisieron resolverlo con el esclavo negro en los tiempos de la colonia, con el culi chino en los de la república. Vano empeño. No se puebla ya la tierra con esclavos. Y sobre todo no se la fecunda. Debido a su política, los grandes propietarios tienen en la costa toda la tierra que se puede poseer; pero en cambio no tienen hombres bastantes para vivificarla y explotarla. Esta es la defensa de la gran propiedad. Mas es también su miseria y su tara.

La situación agraria de la sierra demuestra, por otra parte, lo artificioso de la tesis antecitada. En la sierra no existe el problema del agua. Las lluvias abundantes permiten, al latifundista como al comunero, los mismos cultivos. Sin embargo, también en la sierra se constata el fenómeno de concentración de la propiedad agraria. Este hecho prueba el carácter esencialmente político-social de la cuestión.

El desarrollo de cultivos industriales, de una agricultura de exportación, en las haciendas de la costa, aparece íntegramente subordinado a la colonización económica de los países de América Latina por el capitalismo occidental. Los comerciantes y prestamistas británicos se interesaron por la explotación de estas tierras cuando comprobaron la posibilidad de dedicarlas con ventaja a la producción de azúcar primero y de algodón después. Las hipotecas de la propiedad agraria las colocaban, en buena parte, desde época muy lejana, bajo el control de las firmas extranjeras. Los hacendados, deudores a los comerciantes, prestamistas extranjeros, servían de intermediarios, casi de yanacones, al capitalismo anglosajón para asegurarle la explotación de campos cultivados a un costo mínimo por braceros esclavizados y miserables, curvados sobre la tierra bajo el látigo de los «negreros» coloniales.

Pero en la costa el latifundio ha alcanzado un grado más o menos avanzado de técnica capitalista, aunque su explotación repose aún sobre prácticas y principios feudales. Los coeficientes de producción de algodón y caña corresponden al sistema capitalista. Las empresas cuentan con capitales poderosos y las tierras son trabajadas con máquinas y procedimientos modernos. Para el beneficio de los productos funcionan poderosas plantas industriales. Mientras tanto, en la sierra las cifras de producción de las tierras de latifundio no son generalmente mayores a las de tierras de la comunidad. Y, si la justificación de un sistema de producción está en sus resultados, como lo quiere un criterio económico objetivo, este solo dato condena en la sierra de manera irremediable el régimen de propiedad agraria.

La «comunidad» bajo la República

Hemos visto ya cómo el liberalismo formal de la legislación republicana no se ha mostrado activo sino frente a la «comunidad» indígena. Puede decirse que el concepto de propiedad individual casi ha tenido una función antisocial en la República a causa de su conflicto con la subsistencia de la «comunidad». En efecto, si la disolución y expropiación de ésta hubiese sido decretada y realizada por un capitalismo en vigoroso y autónomo crecimiento, habría aparecido como una imposición del progreso económico. El indio entonces habría pasado de un régimen mixto de comunismo y servidumbre a un régimen de salario libre. Este cambio lo habría desnaturalizado un poco; pero lo habría puesto en grado de organizarse y emanciparse como clase, por la vía de los demás proletariados del mundo. En tanto, la expropiación y absorción graduales de la «comunidad» por el latifundismo, de un lado lo hundía más en la servidumbre y de otro destruía la institución económica y jurídica que salvaguardaba en parte el espíritu y la materia de su antigua civilización.[24]

24 Si la evidencia histórica del comunismo inkaico no apareciese incontestable, la comunidad, órgano específico de comunismo, bastaría para despejar cualquier duda. El «despotismo» de los inkas ha herido sin embargo, los escrúpulos liberales de algunos espíritus de nuestro tiempo. Quiero reafirmar aquí la defensa que hice del comunismo inkaico objetando la tesis de su más reciente impugnador, Augusto Aguirre Morales, autor de la novela *El Pueblo del Sol*.
El comunismo moderno es una cosa distinta del comunismo inkaico. Esto es lo primero que necesita aprender y entender, el hombre de estudio que explora el Tawantinsuyo. Uno y otro comunismo son un producto de diferentes experiencias humanas. Pertenecen a distintas épocas históricas. Constituyen la elaboración de disímiles civilizaciones. La de los inkas fue una civilización agraria. La de Marx y Sorel es una civilización industrial. En aquélla el hombre se sometía a la naturaleza. En ésta la naturaleza se somete a veces al hombre. Es absurdo, por ende, confrontar las formas y las instituciones de uno y otro comunismo. Lo único que puede confrontarse es su incorpórea semejanza esencial, dentro de la diferencia esencial y material de tiempo y de espacio. Y para esta confrontación hace falta un poco de relativismo histórico. De otra suerte se corre el riesgo cierto de caer en los clamorosos errores en que ha caído Víctor Andrés Belaunde en una tentativa de este género.
Los cronistas de la conquista y de la colonia miraron el panorama indígena con ojos medioevales. Su testimonio indudablemente no puede ser aceptado, sin beneficio de inventario.
Sus juicios corresponden inflexiblemente a sus puntos de vista españoles y católicos. Pero Aguirre Morales es, a su turno, víctima del falaz punto de vista. Su posición en el estudio del Imperio Inkaico no es una posición relativista. Aguirre considera y examina el Imperio

con apriorismos liberales e individualistas. Y piensa que el pueblo inkaico fue un pueblo esclavo e infeliz porque careció de libertad. La libertad individual es un aspecto del complejo fenómeno liberal. Una crítica realista puede definirla como la base jurídica de la civilización capitalista (Sin el libre arbitrio no habría libre tráfico, ni libre concurrencia, ni libre industria). Una crítica idealista puede definirla como una adquisición del espíritu humano en la edad moderna. En ningún caso, esta libertad cabía en la vida inkaica. El hombre del Tawantinsuyo no sentía absolutamente ninguna necesidad de libertad individual. Así como no sentía absolutamente, por ejemplo, ninguna necesidad de libertad de imprenta. La libertad de imprenta puede servirnos para algo a Aguirre Morales y a mí; pero los indios podían ser felices sin conocerla y aun sin concebirla. La vida y el espíritu del indio no estaban atormentados por el afán de especulación y de creación intelectuales. No estaban tampoco subordinados a la necesidad de comerciar, de contratar, de traficar. ¿Para qué podría servirle, por consiguiente, al indio esta libertad inventada por nuestra civilización? Si el espíritu de la libertad se reveló al quechua, fue sin duda en una fórmula o, más bien, en una emoción diferente de la fórmula liberal, jacobina e individualista de la libertad. La revelación de la libertad, como la revelación de Dios, varía con las edades, los pueblos y los climas. Consustanciar la idea abstracta de la libertad con las imágenes concretas de una libertad con gorro frigio —hija del protestantismo y del renacimiento y de la revolución francesa— es dejarse coger por una ilusión que depende tal vez de un mero, aunque no desinteresado, astigmatismo filosófico de la burguesía y de su democracia.
La tesis de Aguirre, negando el carácter comunista de la sociedad inkaica, descansa íntegramente en un concepto erróneo. Aguirre parte de la idea de que autocracia y comunismo son dos términos inconciliables. El régimen inkaico —constata— fue despótico y teocrático; luego —afirma— no fue comunista. Mas el comunismo no supone, históricamente, libertad individual ni sufragio popular. La autocracia y el comunismo son incompatibles en nuestra época; pero no lo fueron en sociedades primitivas. Hoy un orden nuevo no puede renunciar a ninguno de los progresos morales de la sociedad moderna. El socialismo contemporáneo —otras épocas han tenido otros tipos de socialismo que la historia designa con diversos nombres— es la antítesis del liberalismo; pero nace de su entraña y se nutre de su experiencia. No desdeña ninguna de sus conquistas intelectuales. No escarnece y vilipendia sino sus limitaciones. Aprecia y comprende

todo lo que en la idea liberal hay de positivo: condena y ataca solo lo que en esta idea hay de negativo y temporal.

Teocrático y despótico fue, ciertamente, el régimen inkaico. Pero este es un rasgo común de todos los regímenes de la antigüedad. Todas las monarquías de la historia se han apoyado en el sentimiento religioso de sus pueblos. El divorcio del poder temporal y del poder espiritual es un hecho nuevo. Y más que un divorcio es una separación de cuerpos. Hasta Guillermo de Hohenzollern los monarcas han invocado su derecho divino.

No es posible hablar de tiranía abstractamente. Una tiranía es un hecho concreto. Y es real solo en la medida en que oprime la voluntad de un pueblo o en que contraría y sofoca su impulso vital. Muchas veces, en la antigüedad, un régimen absolutista y teocrático ha encarnado y representado, por el contrario, esa voluntad y ese impulso. Este parece haber sido el caso del imperio inkaico. No creo en la obra taumatúrgica de los Inkas. Juzgo evidente su capacidad política, pero juzgo no menos evidente que su obra consistió en construir el Imperio con los materiales humanos y los elementos morales allegados por los siglos. El ayllu —la comunidad—, fue la célula del Imperio. Los Inkas hicieron la unidad, inventaron el Imperio; pero no crearon la célula. El Estado jurídico organizado por los Inkas reprodujo, sin duda, el Estado natural preexistente. Los Inkas no violentaron nada. Está bien que se exalte su obra; no que se desprecie y disminuya la gesta milenaria y multitudinaria de la cual esa obra no es sino una expresión y una consecuencia.

No se debe empequeñecer, ni mucho menos negar, lo que en esa obra pertenece a la masa. Aguirre, literato individualista, se complace en ignorar en la historia a la muchedumbre. Su mirada de romántico busca exclusivamente al héroe.

Los vestigios de la civilización inkaica declaran unánimemente, contra la requisitoria de Aguirre Morales. El autor de *El Pueblo del Sol* invoca el testimonio de los millares de huacos que han desfilado ante sus ojos. Y bien. Esos huacos dicen que el arte inkaico fue un arte popular. Y el mejor documento de la civilización inkaica es, acaso, su arte. La cerámica estilizada sintetista de los indios no puede haber sido producida por un pueblo grosero y bárbaro.

James George Frazer —muy distante espiritual y físicamente de los cronistas de la colonia—, escribe: «Remontando el curso de la historia, se encontrará que no es por un puro accidente que los primeros grandes pasos hacia la civilización han sido hechos bajo gobiernos despóticos y teocráticos como los de la China, del Egipto, de Babi-

Durante el período republicano, los escritores y legisladores nacionales han mostrado una tendencia más o menos uniforme a condenar la «comunidad» como un rezago de una sociedad primitiva o como una supervivencia de la organización colonial. Esta actitud ha respondido en unos casos al interés del gamonalismo terrateniente y en otros al pen-

>lonia, de México, del Perú, países en todos los cuales el jefe supremo exigía y obtenía la obediencia servil de sus súbditos por su doble carácter de rey y de dios. Sería apenas una exageración decir que en esa época lejana el despotismo es el más grande amigo de la humanidad y por paradojal que esto parezca, de la libertad. Pues después de todo, hay más libertad, en el mejor sentido de la palabra —libertad de pensar nuestros pensamientos y de modelar nuestros destinos—, bajo el despotismo más absoluto y la tiranía más opresora que bajo la aparente libertad de la vida salvaje, en la cual la suerte del individuo, de la cuna a la tumba, es vaciada en el molde rígido de las costumbres hereditarias» (The Golden Bough, Part. I).
> Aguirre Morales dice que en la sociedad inkaica se desconocía el robo por una simple falta de imaginación para el mal. Pero no se destruye con una frase de ingenioso humorismo literario un hecho social que prueba, precisamente, lo que Aguirre se obstina en negar: el comunismo inkaico. El economista francés Charles Gide piensa que más exacta que la célebre fórmula de Proudhon, es la siguiente fórmula: «El robo es la propiedad». En la sociedad inkaica no existía el robo porque no existía la propiedad. O, si se quiere, porque existía una organización socialista de la propiedad.
> Invalidemos y anulemos, si hace falta, el testimonio de los cronistas de la colonia. Pero es el caso que la teoría de Aguirre busca amparo, justamente, en la interpretación, medioeval en su espíritu, de esos cronistas de la forma de distribución de las tierras y de los productos.
> Los frutos del suelo no son atesorables. No es verosímil, por consiguiente, que las dos terceras partes fuesen acaparadas para el consumo de los funcionarios y sacerdotes del Imperio. Mucho más verosímil es que los frutos que se supone reservados para los nobles y el Inka, estuviesen destinados a constituir los depósitos del Estado.
> Y que representasen, en suma, un acto de providencia social, peculiar y característico en un orden socialista.

samiento individualista y liberal que dominaba automáticamente una cultura demasiado verbalista y estática.

Un estudio del doctor M. V. Villarán, uno de los intelectuales que con más aptitud crítica y mayor coherencia doctrinal representa este pensamiento en nuestra primera centuria, señaló el principio de una revisión prudente de sus conclusiones respecto a la «comunidad» indígena. El doctor Villarán mantenía teóricamente su posición liberal, propugnando en principio la individualización de la propiedad, pero prácticamente aceptaba la protección de las comunidades contra el latifundismo, reconociéndoles una función a la que el Estado debía su tutela.

Mas la primera defensa orgánica y documentada de la comunidad indígena tenía que inspirarse en el pensamiento socialista y reposar en un estudio concreto de su naturaleza, efectuado conforme a los métodos de investigación de la sociología y la economía modernas. El libro de Hildebrando Castro Pozo, Nuestra Comunidad Indígena, así lo comprueba. Castro Pozo, en este interesante estudio, se presenta exento de preconceptos liberales. Esto le permite abordar el problema de la «comunidad» con una mente apta para valorarla y entenderla. Castro Pozo, no solo nos descubre que la «comunidad» indígena, malgrado los ataques del formalismo liberal puesto al servicio de un régimen de feudalidad, es todavía un organismo viviente, sino que, a pesar del medio hostil dentro del cual vegeta sofocada y deformada, manifiesta espontáneamente evidentes posibilidades de evolución y desarrollo.

Sostiene Castro Pozo, que «el ayllu o comunidad, ha conservado su natural idiosincrasia, su carácter de institución casi familiar en cuyo seno continuaron subsistentes, después de la conquista, sus principales factores constitutivos».[25]

25 Castro Pozo, *Nuestra Comunidad Indígena*.

En esto se presenta, pues, de acuerdo con Valcárcel, cuyas proposiciones respecto del ayllu, parecen a algunos excesivamente dominadas por su ideal de resurgimiento indígena.

¿Qué son y cómo funcionan las «comunidades» actualmente? Castro Pozo cree que se les puede distinguir conforme a la siguiente clasificación: «Primero: Comunidades agrícolas; Segundo: Comunidades agrícolas ganaderas; Tercero: Comunidades de pastos y aguas; y Cuarto: Comunidades de usufructuación. Debiendo tenerse en cuenta que en un país como el nuestro, donde una misma institución adquiere diversos caracteres, según el medio en que se ha desarrollado, ningún tipo de los que en esta clasificación se presume se encuentra en la realidad, tan preciso y distinto de los otros que, por sí solo, pudiera objetivarse en un modelo. Todo lo contrario, en el primer tipo de las comunidades agrícolas se encuentran caracteres correspondientes a los otros y en éstos, algunos concernientes a aquél; pero como el conjunto de factores externos ha impuesto a cada uno de estos grupos un determinado género de vida en sus costumbres, usos y sistemas de trabajo, en sus propiedades e industrias, priman los caracteres agrícolas, ganaderos, ganaderos en pastos y aguas comunales o solo los dos últimos y los de falta absoluta o relativa de propiedad de las tierras y la usufructuación de éstas por el "ayllu" que, indudablemente, fue su único propietario».[26]

Estas diferencias se han venido elaborando no por evolución o degeneración natural de la antigua «comunidad», sino al influjo de una legislación dirigida a la individualización de la propiedad y, sobre todo, por efecto de la expropiación de las tierras comunales en favor del latifundismo. Demuestran, por ende, la vitalidad del comunismo indígena que impulsa invariablemente a los aborígenes a variadas formas de coo-

---

26 Ibíd., págs. 16 y 17.

peración y asociación. El indio, a pesar de las leyes de cien años de régimen republicano, no se ha hecho individualista. Y esto no proviene de que sea refractario al progreso como pretende el simplismo de sus interesados detractores. Depende, más bien, de que el individualismo, bajo un régimen feudal, no encuentra las condiciones necesarias para afirmarse y desarrollarse. El comunismo, en cambio, ha seguido siendo para el indio su única defensa. El individualismo no puede prosperar, y ni siquiera existe efectivamente, sino dentro de un régimen de libre concurrencia. Y el indio no se ha sentido nunca menos libre que cuando se ha sentido solo.

Por esto, en las aldeas indígenas donde se agrupan familias entre las cuales se han extinguido los vínculos del patrimonio y del trabajo comunitarios, subsisten aún, robustos y tenaces, hábitos de cooperación y solidaridad que son la expresión empírica de un espíritu comunista. La comunidad corresponde a este espíritu. Es su órgano. Cuando la expropiación y el reparto parecen liquidar la comunidad, el socialismo indígena encuentra siempre el medio de rehacerla, mantenerla o subrogarla. El trabajo y la propiedad en común son reemplazados por la cooperación en el trabajo individual. Como escribe Castro Pozo: «la costumbre ha quedado reducida a las "mingas" o reuniones de todo el ayllu para hacer gratuitamente un trabajo en el cerco, acequia o casa de algún comunero, el cual quehacer efectúan al son de arpas y violines, consumiendo algunas arrobas de aguardientes de caña, cajetillas de cigarros y mascadas de coca». Estas costumbres han llevado a los indígenas a la práctica —incipiente y rudimentaria por supuesto— del contrato colectivo de trabajo, más bien que del contrato individual. No son los individuos aislados los que alquilan su trabajo a un propietario o contratista; son mancomunadamente todos los hombres útiles de la «parcialidad».

La «comunidad» y el latifundio

La defensa de la «comunidad» indígena no reposa en principios abstractos de justicia ni en sentimentales consideraciones tradicionalistas, sino en razones concretas y prácticas de orden económico y social. La propiedad comunal no representa en el Perú una economía primitiva a la que haya reemplazado gradualmente una economía progresiva fundada de la propiedad individual. No; las comunidades han sido despojadas de sus tierras en provecho del latifundio feudal o semifeudal, constitucionalmente incapaz de progreso técnico.[27]

En la costa, el latifundio ha evolucionado —desde el punto de vista de los cultivos—, de la rutina feudal a la técnica capitalista, mientras la comunidad indígena ha desaparecido como explotación comunista de la tierra. Pero en la sierra, el latifundio ha conservado íntegramente su carácter feudal, oponiendo una resistencia mucho mayor que la «comunidad» al desenvolvimiento de la economía capitalista. La «comunidad», en efecto, cuando se ha articulado, por el paso de un ferrocarril, con el sistema comercial y las vías de transporte centrales, ha llegado a transformarse espontáneamente, en una cooperativa. Castro Pozo, que como jefe de la sección de asuntos indígenas del Ministerio de Fomento acopió abundantes datos sobre la vida de las comunidades, señala y destaca el sugestivo caso de la parcialidad de Muquiyauyo, de la cual dice que presenta los caracteres de las cooperativas de producción, consumo y crédito. «Dueña de una magnífica

---

[27] Escrito este trabajo, encuentro en el libro de Haya de la Torre *Por la emancipación de la América Latina*, conceptos que coinciden absolutamente con los míos sobre la cuestión agraria en general y sobre la comunidad indígena en particular. Partimos de los mismos puntos de vista, de manera que es forzoso que nuestras conclusiones sean también las mismas.

instalación o planta eléctrica en las orillas del Mantaro, por medio de la cual proporciona luz y fuerza motriz, para pequeñas industrias a los distritos de Jauja, Concepción, Mito, Muqui, Sincos, Huaripampa y Muquiyauyo, se ha transformado en la institución comunal por excelencia; en la que no se han relajado sus costumbres indígenas, y antes bien han aprovechado de ellas para llevar a cabo la obra de la empresa; han sabido disponer del dinero que poseían empleándolo en la adquisición de las grandes maquinarias y ahorrado el valor de la mano de obra que la parcialidad ha ejecutado, lo mismo que si se tratara de la construcción de un edificio comunal: por mingas en las que hasta las mujeres y niños han sido elementos útiles en el acarreo de los materiales de construcción.»[28]

La comparación de la «comunidad» y el latifundio como empresa de producción agrícola, es desfavorable para el latifundio. Dentro del régimen capitalista, la gran propiedad sustituye y desaloja a la pequeña propiedad agrícola por su aptitud para intensificar la producción mediante el empleo de una técnica avanzada de cultivo. La industrialización de la agricultura, trae aparejada la concentración de la propiedad agraria. La gran propiedad aparece entonces justificada por el interés de la producción, identificado, teóricamente por lo menos, con el interés de la sociedad. Pero el latifundio no tiene el mismo efecto, ni responde, por consiguiente, a una necesidad económica. Salvo los casos de las haciendas de caña —que se dedican a la producción de aguardiente con destino a la intoxicación y embrutecimiento del campesino indígena—, los cultivos de los latifundios serranos son generalmente los mismos de las comunidades. Y las cifras de la producción no difieren. La falta de estadística agrícola no permite establecer con exactitud las diferencias parciales;

---

[28] Castro Pozo, obra citada, págs. 66 y 67.

pero todos los datos disponibles autorizan a sostener que los rendimientos de los cultivos de las comunidades, no son, en su promedio, inferiores a los cultivos de los latifundios. La única estadística de producción de la sierra, la del trigo, sufraga esta conclusión. Castro Pozo, resumiendo los datos de esta estadística en 1917-18, escribe lo siguiente: «La cosecha resultó, término medio, en 450 y 580 kilos por cada hectárea para la propiedad comunal e individual, respectivamente. Si se tiene en cuenta que las mejores tierras de producción han pasado a poder de los terratenientes, pues la lucha por aquéllas en los departamentos del Sur ha llegado hasta el extremo de eliminar al poseedor indígena por la violencia o masacrándolo, y que la ignorancia del comunero lo lleva de preferencia a ocultar los datos exactos relativos al monto de la cosecha, disminuyéndola por temor de nuevos impuestos o exacciones de parte de las autoridades políticas subalternas o recaudadores de éstos; se colegirá fácilmente que la diferencia en la producción por hectárea a favor del bien de la propiedad individual no es exacta y que razonablemente, se la debe dar por no existente, por cuanto los medios de producción y de cultivo, en una y otras propiedades, son idénticos».[29]

En la Rusia feudal del siglo pasado, el latifundio tenía rendimientos mayores que los de la pequeña propiedad. Las cifras en hectolitros y por hectárea eran las siguientes: para el centeno: 11.5 contra 9.4; para el trigo: 11 contra 9.1; para la avena: 15.4 contra 12.7; para la cebada: 11.5 contra 10.5; para las patatas: 92.3 contra 72.[30]

El latifundio de la sierra peruana resulta, pues, por debajo del execrado latifundio de la Rusia zarista como factor de producción.

29 Ibíd., pág. 434.
30 Schkaff, obra citada, pág. 188.

La «comunidad», en cambio, de una parte acusa capacidad efectiva de desarrollo y transformación y de otra parte se presenta como un sistema de producción que mantiene vivos en el indio los estímulos morales necesarios para su máximo rendimiento como trabajador. Castro Pozo hace una observación muy justa cuando escribe que «la comunidad indígena conserva dos grandes principios económico sociales que hasta el presente ni la ciencia sociológica ni el empirismo de los grandes industrialistas han podido resolver satisfactoriamente: el contrato múltiple del trabajo y la realización de éste con menor desgaste fisiológico y en un ambiente de agradabilidad, emulación y compañerismo».[31]

Disolviendo o relajando la «comunidad», el régimen del latifundio feudal, no solo ha atacado una institución económica sino también, y sobre todo, una institución social que defiende la tradición indígena, que conserva la función de la familia campesina y que traduce ese sentimiento jurídico popular al que tan alto valor asignan Proudhon y Sorel.[32]

31 Castro Pozo, obra citada, pág. 47. El autor tiene observaciones muy interesantes sobre los elementos espirituales de la economía comunitaria. «La energía, perseverancia e interés —apunta— con que un comunero siega, gavilla el trigo o la cebada, quipicha (Quipichar: cargar a la espalda. Costumbre indígena extendida en toda la sierra. Los cargadores, fleteros y estibadores de la costa, cargan sobre el hombro) y desfila, a paso ligero, hacia la era alegre, corriéndole una broma al compañero o sufriendo la del que va detrás halándole el extremo de la manta, constituyen una tan honda y decisiva diferencia, comparados con la desidia, frialdad, laxitud del ánimo y, al parecer, cansancio, con que prestan sus servicios los yanaconas, en idénticos trabajos u otros de la misma naturaleza; que a primera vista salta el abismo que diversifica el valor de ambos estados psicofísicos, y la primera interrogación que se insinúa al espíritu, es la de ¿qué influencia ejerce en el proceso del trabajo su objetivación y finalidad concreta e inmediata?»

32 Sorel, que tanta atención ha dedicado a los conceptos de Proudhon y Le Play sobre el rol de la familia en la estructura y el espíritu de la sociedad, ha considerado con buida y sagaz penetración «la parte es-

El régimen de trabajo. Servidumbre y salariado
El régimen de trabajo está determinado principalmente, en la agricultura, por el régimen de propiedad. No es posible, por tanto, sorprenderse de que en la misma medida en que sobrevive en el Perú el latifundio feudal, sobreviva también, bajo diversas formas y con distintos nombres, la servidumbre. La diferencia entre la agricultura de la costa y la agricultura de la sierra, aparece menor en lo que concierne al trabajo que en lo que respecta a la técnica. La agricultura de la costa ha evolucionado con más o menos prontitud hacia una técnica capitalista en el cultivo del suelo y la transformación y comercio de los productos. Pero, en cambio, se ha mantenido demasiado estacionaria en su criterio y conducta respecto al trabajo. Acerca del trabajador, el latifundio colonial no ha renunciado a sus hábitos feudales sino cuando las circunstancias se lo han exigido de modo perentorio.

Este fenómeno se explica, no solo por el hecho de haber conservado la propiedad de la tierra los antiguos señores feudales, que han adoptado, como intermediarios del capital extranjero, la práctica, mas no el espíritu del capitalismo moderno. Se explica además por la mentalidad colonial de

---

piritual del medio económico». Si algo ha echado de menos en Marx, ha sido un insuficiente espíritu jurídico, aunque haya convenido en que este aspecto de la producción no escapaba al dialéctico de Tréveris. «Se sabe —escribe en su Introduction a l'economie moderne— que la observación de las costumbres de las familias de la plana sajona impresionó mucho a Le Play en el comienzo de sus viajes y ejerció una influencia decisiva sobre su pensamiento. Me he preguntado si Marx no había pensado en estas antiguas costumbres cuando ha acusado al capitalismo de hacer del proletario un hombre sin familia.» Con relación a las observaciones de Castro Pozo, quiero recordar otro concepto de Sorel: «El trabajo depende, en muy vasta medida, de los sentimientos que experimentan los obreros ante su tarea».

esta casta de propietarios, acostumbrados a considerar el trabajo con el criterio de esclavistas y «negreros». En Europa, el señor feudal encarnaba, hasta cierto punto, la primitiva tradición patriarcal, de suerte que respecto de sus siervos se sentía naturalmente superior, pero no étnica ni nacionalmente diverso. Al propio terrateniente aristócrata de Europa le ha sido dable aceptar un nuevo concepto y una nueva práctica en sus relaciones con el trabajador de la tierra. En la América colonial, mientras tanto, se ha opuesto a esta evolución, la orgullosa y arraigada convicción del blanco, de la inferioridad de los hombres de color.

En la costa peruana el trabajador de la tierra, cuando no ha sido el indio, ha sido el negro esclavo, el culi chino, mirados, si cabe, con mayor desprecio. En el latifundista costeño, han actuado a la vez los sentimientos del aristócrata medioeval y del colonizador blanco, saturados de prejuicios de raza.

El yanaconazgo y el «enganche» no son la única expresión de la subsistencia de métodos más o menos feudales en la agricultura costeña. El ambiente de la hacienda se mantiene íntegramente señorial. Las leyes del Estado no son válidas en el latifundio, mientras no obtienen el consenso tácito o formal de los grandes propietarios. La autoridad de los funcionarios políticos o administrativos, se encuentra de hecho sometida a la autoridad del terrateniente en el territorio de su dominio. Este considera prácticamente a su latifundio fuera de la potestad del Estado, sin preocuparse mínimamente de los derechos civiles de la población que vive dentro de los confines de su propiedad. Cobra arbitrios, otorga monopolios, establece sanciones contrarias siempre a la libertad de los braceros y de sus familias. Los transportes, los negocios y hasta las costumbres están sujetos al control del propietario dentro de la hacienda. Y con frecuencia las rancherías que alojan a la población obrera, no difieren grandemente de los galpones que albergaban a la población esclava.

Los grandes propietarios costeños no tienen legalmente este orden de derechos feudales o semifeudales; pero su condición de clase dominante y el acaparamiento ilimitado de la propiedad de la tierra en un territorio sin industrias y sin transportes les permite prácticamente un poder casi incontrolable. Mediante el «enganche» y el yanaconazgo, los grandes propietarios resisten al establecimiento del régimen del salario libre, funcionalmente necesario en una economía liberal y capitalista. El «enganche», que priva al bracero del derecho de disponer de su persona y su trabajo, mientras no satisfaga las obligaciones contraídas con el propietario, desciende inequívocamente del tráfico semiesclavista de culis; el «yanaconazgo» es una variedad del sistema de servidumbre a través del cual se ha prolongado la feudalidad hasta nuestra edad capitalista en los pueblos política y económicamente retardados. El sistema peruano del yanaconazgo se identifica, por ejemplo, con el sistema ruso del polovnischestvo dentro del cual los frutos de la tierra, en unos casos, se dividían en partes iguales entre el propietario y el campesino y en otros casos este último no recibía sino una tercera parte.[33]

La escasa población de la costa representa para las empresas agrícolas una constante amenaza de carencia o insuficiencia de brazos. El yanaconazgo vincula a la tierra a la poca población regnícola, que sin esta mínima garantía de usufructo de tierra, tendería a disminuir y emigrar. El «enganche» asegura a la agricultura de la costa el concurso de los braceros de la sierra que, si bien encuentran en las haciendas costeñas un suelo y un medio extraños, obtienen al menos un trabajo mejor remunerado.

---

33 Schkaff, obra citada, pág. 135.

Esto indica que, a pesar de todo y aunque no sea sino aparente o parcialmente,[34] la situación del bracero en los fundos de la costa es mejor que en los feudos de la sierra, donde el feudalismo mantiene intacta su omnipotencia. Los terratenientes costeños se ven obligados a admitir, aunque sea restringido y atenuado, el régimen del salario y del trabajo libres. El carácter capitalista de sus empresas los constriñe a la concurrencia. El bracero conserva, aunque solo sea relativamente, su libertad de emigrar así como de rehusar su fuerza de trabajo al patrón que lo oprime demasiado. La vecindad de puertos y ciudades; la conexión con las vías modernas de tráfico y comercio, ofrecen, de otro lado, al bracero, la posibilidad de escapar a su destino rural y de ensayar otro medio de ganar su subsistencia.

Si la agricultura de la costa hubiera tenido otro carácter, más progresista, más capitalista, habría tendido a resolver de manera lógica, el problema de los brazos sobre el cual tanto se ha declamado. Propietarios más avisados, se habrían dado cuenta de que, tal como funciona hasta ahora, el latifundio es un agente de despoblación y de que, por consiguiente, el problema de los brazos constituye una de sus más claras y lógicas consecuencias.[35]

---

34 No hay que olvidar, por lo que toca a los braceros serranos, el efecto extenuante de la costa cálida e insalubre en el organismo del indio de la sierra, presa segura del paludismo, que lo amenaza y predispone a la tuberculosis. Tampoco hay que olvidar el profundo apego del indio a sus lares y a su naturaleza. En la costa se siente un exiliado, un mitimae.

35 Una de las constataciones más importantes a que este tópico conduce es la de la íntima solidaridad de nuestro problema agrario con nuestro problema demográfico. La concentración de las tierras en manos de los gamonales constituye un freno, un cáncer de la demografía nacional. Solo cuando se haya roto esa traba del progreso peruano, se habrá adoptado realmente el principio sudamericano: «Gobernar es poblar».

En la misma medida en que progresa en la agricultura de la costa la técnica capitalista, el salariado reemplaza al yanaconazgo. El cultivo científico —empleo de máquinas, abonos, etc.— no se aviene con un régimen de trabajo peculiar de una agricultura rutinaria y primitiva. Pero el factor demográfico —el «problema de los brazos»—, opone una resistencia seria a este proceso de desarrollo capitalista. El yanaconazgo y sus variedades sirven para mantener en los valles una base demográfica que garantice a las negociaciones el mínimo de brazos necesarios para las labores permanentes. El jornalero inmigrante no ofrece las mismas seguridades de continuidad en el trabajo que el colono nativo o el yanacón regnícola. Este último representa, además, el arraigo de una familia campesina, cuyos hijos mayores se encontrarán más o menos forzados a alquilar sus brazos al hacendado.

La constatación de este hecho, conduce ahora a los propios grandes propietarios a considerar la conveniencia de establecer muy gradual y prudentemente, sin sombra de ataque a sus intereses, colonias o núcleos de pequeños propietarios. Una parte de las tierras irrigadas en el Imperial han sido reservadas así a la pequeña propiedad. Hay el propósito de aplicar el mismo principio en las otras zonas donde se realizan trabajos de irrigación. Un rico propietario inteligente y experimentado que conversaba conmigo últimamente, me decía que la existencia de la pequeña propiedad, al lado de la gran propiedad, era indispensable a la formación de una población rural, sin la cual la explotación de la tierra, estaría siempre a merced de las posibilidades de la inmigración o del «enganche». El programa de la Compañía de Subdivisión Agraria, es otra de las expresiones de una política agraria tendiente al establecimiento paulatino de la pequeña propiedad.[36]

36 El proyecto concebido por el Gobierno con el objeto de crear la pequeña propiedad agraria se inspira en el criterio económico liberal

Pero, como esta política evita sistemáticamente la expropiación, o, más precisamente, la expropiación en vasta escala por el Estado, por razón de utilidad pública o justicia distributiva, y sus restringidas posibilidades de desenvolvimiento, están por el momento circunscritas a pocos valles, no resulta probable que la pequeña propiedad reemplace oportuna y ampliamente al yanaconazgo en su función demográfica. En los valles a los cuales el «enganche» de braceros de la sierra no sea capaz de abastecer de brazos, en condiciones ventajosas para los hacendados, el yanaconazgo subsistirá, pues, por algún tiempo, en sus diversas variedades, junto con el salariado.

Las formas de yanaconazgo, aparcería o arrendamiento, varían en la costa y en la sierra según las regiones, los usos o los cultivos. Tienen también diversos nombres. Pero en su misma variedad se identifican en general con los métodos precapitalistas de explotación de la tierra observados en otros países de agricultura semifeudal. Verbigracia, en la Rusia zarista. El sistema del otrabotki ruso presentaba todas las variedades del arrendamiento por trabajo, dinero o frutos existentes en el Perú. Para comprobarlo no hay sino que

y capitalista. En la costa su aplicación, subordinada a la expropiación de fundos y a la irrigación de tierras eriazas, puede corresponder aún a posibilidades más o menos amplias de colonización. En la sierra sus efectos serían mucho más restringidos y dudosos. Como todas las tentativas de dotación de tierras que registra nuestra historia republicana, se caracteriza por su prescindencia del valor social de la «comunidad» y por su timidez ante el latifundista cuyos intereses salvaguarda con expresivo celo. Estableciendo el pago de la parcela al contado o en 20 anualidades, resulta inaplicable en las regiones de sierra donde no existe todavía una economía comercial monetaria. El pago, en estos casos, debería ser estipulado no en dinero sino en productos. El sistema del Estado de adquirir fundos para repartirlos entre los indios manifiesta un extremado miramiento por los latifundistas, a los cuales ofrece la ocasión de vender fundos poco productivos o mal explotados, en condiciones ventajosas.

leer lo que acerca de ese sistema escribe Schkaff en su documentado libro sobre la cuestión agraria en Rusia: «Entre el antiguo trabajo servil en que la violencia o la coacción juegan un rol tan grande y el trabajo libre en que la única coacción que subsiste es una coacción puramente económica, aparece todo un sistema transitorio de formas extremadamente variadas que unen los rasgos de la barchtchina y del salariado. Es el otrabototschnaia sistema. El salario es pagado sea en dinero en caso de locación de servicios, sea en productos, sea en tierra; en este último caso (otrabotki en el sentido estricto de la palabra) el propietario presta su tierra al campesino a guisa de salario por el trabajo efectuado por éste en los campos señoriales». «El pago del trabajo, en el sistema de otrabotki, es siempre inferior al salario de libre alquiler capitalista. La retribución en productos hace a los propietarios más independientes de las variaciones de precios observadas en los mercados del trigo y del trabajo. Encuentran en los campesinos de su vecindad una mano de obra más barata y gozan así de un verdadero monopolio local.» «El arrendamiento pagado por el campesino reviste formas diversas: a veces, además de su trabajo, el campesino debe dar dinero y productos. Por una deciatina que recibirá, se comprometerá a trabajar una y media deciatina de tierra señorial, a dar diez huevos y una gallina. Entregará también el estiércol de su ganado, pues todo, hasta el estiércol, se vuelve objeto de pago. Frecuentemente aún el campesino se obliga "a hacer todo lo que exigirá el propietario", a transportar las cosechas, a cortar la leña, a cargar los fardos.»[37]

En la agricultura de la sierra se encuentran particular y exactamente estos rasgos de propiedad y trabajo feudales. El régimen del salario libre no se ha desarrollado ahí. El hacendado no se preocupa de la productividad de las tierras. Solo

---

37 Schkaff, ob. citada, págs. 133, 134 y 135.

se preocupa de su rentabilidad. Los factores de la producción se reducen para él casi únicamente a dos: la tierra y el indio. La propiedad de la tierra le permite explotar ilimitadamente la fuerza de trabajo del indio. La usura practicada sobre esta fuerza de trabajo —que se traduce en la miseria del indio—, se suma a la renta de la tierra, calculada al tipo usual de arrendamiento. El hacendado se reserva las mejores tierras y reparte las menos productivas entre sus braceros indios, quienes se obligan a trabajar de preferencia y gratuitamente las primeras y a contentarse para su sustento con los frutos de las segundas. El arrendamiento del suelo es pagado por el indio en trabajo o frutos, muy rara vez en dinero (por ser la fuerza del indio lo que mayor valor tiene para el propietario), más comúnmente en formas combinadas o mixtas. Un estudio del doctor Ponce de León, de la Universidad del Cuzco, que entre otros informes tengo a la vista, y que revista con documentación de primera mano todas las variedades de arrendamiento y yanaconazgo en ese vasto departamento, presenta un cuadro bastante objetivo —a pesar de las conclusiones del autor, respetuosas a los privilegios de los propietarios— de la explotación feudal. He aquí algunas de sus constataciones: «En la provincia de Paucartambo el propietario concede el uso de sus terrenos a un grupo de indígenas con la condición de que hagan todo el trabajo que requiere el cultivo de los terrenos de la hacienda, que se ha reservado el dueño o patrón. Generalmente trabajan tres días alternativos por semana durante todo el año. Tienen además los arrendatarios o "yanaconas" como se les llama en esta provincia, la obligación de acarrear en sus propias bestias la cosecha del hacendado a esta ciudad sin remuneración; y la de servir de pongos en la misma hacienda o más comúnmente en el Cuzco, donde preferentemente residen los propietarios». «Cosa igual ocurre en Chumbivilcas. Los arrendatarios cultivan la extensión que pueden, debiendo en cambio trabajar para el patrón cuantas veces lo exija. Esta forma de arrendamiento puede simplificarse así: el propietario propone al arrendatario: utiliza la extensión de terreno que "puedas", con la condición de trabajar en mi provecho siempre que yo lo necesite.» «En la provincia de Anta el propietario cede el uso de sus terrenos en las siguientes condiciones: el arrendatario pone de su parte el capital (semilla, abonos) y el trabajo necesario para que el cultivo se realice hasta sus últimos momentos (cosecha). Una vez concluido, el arrendatario y el propietario se dividen por partes iguales todos los productos. Es decir que cada uno de ellos recoge el 50 % de la producción sin que el propietario haya hecho otra cosa que ceder el uso de sus terrenos sin abonarlos siquiera. Pero no es esto todo. El aparcero está obligado a concurrir personalmente a los trabajos del propietario si bien con la remuneración acostumbrada de 25 centavos diarios.»[38]

La confrontación entre estos datos y los de Schkaff, basta para persuadir de que ninguna de las sombrías faces de la propiedad y el trabajo precapitalistas falta en la sierra feudal.

«Colonialismo» de nuestra agricultura costeña

El grado de desarrollo alcanzado por la industrialización de la agricultura, bajo un régimen y una técnica capitalistas, en los valles de la costa, tiene su principal factor en el interesamiento del capital británico y norteamericano en la producción peruana de azúcar y algodón. De la extensión de estos cultivos no es un agente primario la aptitud industrial ni la capacidad capitalista de los terratenientes. Estos dedican sus

---

[38] Francisco Ponce de León, *Sistemas de arrendamiento de terrenos de cultivo en el departamento del Cuzco y el problema de la tierra.*

tierras a la producción de algodón y caña financiados o habilitados por fuertes firmas exportadoras.

Las mejores tierras de los valles de la costa están sembradas de algodón y caña, no precisamente porque sean apropiadas solo a estos cultivos, sino porque únicamente ellos importan, en la actualidad, a los comerciantes ingleses y yanquis. El crédito agrícola —subordinado absolutamente a los intereses de estas firmas, mientras no se establezca el Banco Agrícola Nacional—, no impulsa ningún otro cultivo. Los de frutos alimenticios, destinados al mercado interno, están generalmente en manos de pequeños propietarios y arrendatarios. Solo en los valles de Lima, por la vecindad de mercados urbanos de importancia, existen fundos extensos dedicados por sus propietarios a la producción de frutos alimenticios. En las haciendas algodoneras o azucareras, no se cultiva estos frutos, en muchos casos, ni en la medida necesaria para el abastecimiento de la propia población rural.

El mismo pequeño propietario, o pequeño arrendatario, se encuentra empujado al cultivo del algodón por esta corriente que tan poco tiene en cuenta las necesidades particulares de la economía nacional. El desplazamiento de los tradicionales cultivos alimenticios por el del algodón en las campiñas de la costa donde subsiste la pequeña propiedad, ha constituido una de las causas más visibles del encarecimiento de las subsistencias en las poblaciones de la costa.

Casi únicamente para el cultivo del algodón, el agricultor encuentra facilidades comerciales. Las habilitaciones están reservadas, de arriba a abajo, casi exclusivamente al algodonero. La producción de algodón no está regida por ningún criterio de economía nacional. Se produce para el mercado mundial, sin un control que prevea en el interés de esta economía, las posibles bajas de los precios derivados de períodos de crisis industrial o de superproducción algodonera.

Un ganadero me observaba últimamente que, mientras sobre una cosecha de algodón el crédito que se puede conseguir no está limitado sino por las fluctuaciones de los precios, sobre un rebaño o un criadero, el crédito es completamente convencional o inseguro. Los ganaderos de la costa no pueden contar con préstamos bancarios considerables para el desarrollo de sus negocios. En la misma condición, están todos los agricultores que no pueden ofrecer como garantía de sus empréstitos, cosechas de algodón o caña de azúcar.

Si las necesidades del consumo nacional estuviesen satisfechas por la producción agrícola del país, este fenómeno no tendría ciertamente tanto de artificial. Pero no es así. El suelo del país no produce aún todo lo que la población necesita para su subsistencia. El capítulo más alto de nuestras importaciones es el de «víveres y especias»: Lp. 3'620,235, en el año 1924. Esta cifra, dentro de una importación total de dieciocho millones de libras, denuncia uno de los problemas de nuestra economía. No es posible la supresión de todas nuestras importaciones de víveres y especias, pero sí de sus más fuertes renglones. El más grueso de todos es la importación de trigo y harina, que en 1924 ascendió a más de doce millones de soles.

Un interés urgente y claro de la economía peruana exige, desde hace mucho tiempo, que el país produzca el trigo necesario para el pan de su población. Si este objetivo hubiese sido alcanzado, el Perú no tendría ya que seguir pagando al extranjero doce o más millones de soles al año por el trigo que consumen las ciudades de la costa.

¿Por qué no se ha resuelto este problema de nuestra economía? No es solo porque el Estado no se ha preocupado aún de hacer una política de subsistencias. Tampoco es, repito, porque el cultivo de la caña y el de algodón son los más adecuados al suelo y al clima de la costa. Uno solo de los valles, uno solo de los llanos interandinos —que algunos kilómetros de ferrocarriles y caminos abrirían al tráfico— puede abastecer superabundantemente de trigo, cebada, etc., a toda la población del Perú. En la misma costa, los españoles cultivaron trigo en los primeros tiempos de la colonia, hasta el cataclismo que mudó las condiciones climáticas del litoral. No se estudió posteriormente, en forma científica y orgánica, la posibilidad de establecer ese cultivo. Y el experimento practicado en el Norte, en tierras del «Salamanca», demuestra que existen variedades de trigo resistentes a las plagas que atacan en la costa este cereal y que la pereza criolla, hasta este experimento, parecía haber renunciado a vencer.[39]

El obstáculo, la resistencia a una solución, se encuentra en la estructura misma de la economía peruana. La economía del Perú es una economía colonial. Su movimiento, su desarrollo, están subordinados a los intereses y a las necesidades de los mercados de Londres y de Nueva York. Estos mercados miran en el Perú un depósito de materias primas y una plaza para sus manufacturas. La agricultura peruana obtiene, por eso, créditos y transportes solo para los productos que puede ofrecer con ventaja en los grandes mercados. La finanza extranjera se interesa un día por el caucho, otro día por el algodón, otro día por el azúcar. El día en que Londres puede recibir un producto a mejor precio y en cantidad suficiente de la India o del Egipto, abandona instantáneamente a su propia suerte a sus proveedores del Perú. Nuestros latifundistas, nuestros terratenientes, cualesquiera que sean las ilusiones que se hagan de su independencia, no actúan en

---

39 Los experimentos recientemente practicados, en distintos puntos de la costa por la Comisión Impulsora del Cultivo del Trigo, han tenido, según se anuncia, éxito satisfactorio. Se ha obtenido apreciables rendimientos de la variedad «Kappli Emmer» —inmune a la «roya»—, aun en las «lomas».

realidad sino como intermediarios o agentes del capitalismo extranjero.

Proposiciones finales

A las proposiciones fundamentales, expuestas ya en este estudio, sobre los aspectos presentes de la cuestión agraria en el Perú, debo agregar las siguientes:

1.º El carácter de la propiedad agraria en el Perú se presenta como una de las mayores trabas del propio desarrollo del capitalismo nacional. Es muy elevado el porcentaje de las tierras, explotadas por arrendatarios grandes o medios, que pertenecen a terratenientes que jamás han manejado sus fundos. Estos terratenientes, por completo extraños y ausentes de la agricultura y de sus problemas, viven de su renta territorial sin dar ningún aporte de trabajo ni de inteligencia a la actividad económica del país. Corresponden a la categoría del aristócrata o del rentista, consumidor improductivo. Por sus hereditarios derechos de propiedad perciben un arrendamiento que se puede considerar como un canon feudal. El agricultor arrendatario corresponde, en cambio, con más o menos propiedad, al tipo de jefe de empresa capitalista. Dentro de un verdadero sistema capitalista, la plusvalía obtenida por su empresa, debería beneficiar a este industrial y al capital que financiase sus trabajos. El dominio de la tierra por una clase de rentistas, impone a la producción la pesada carga de sostener una renta que no está sujeta a los eventuales descensos de los productos agrícolas. El arrendamiento no encuentra, generalmente, en este sistema, todos los estímulos indispensables para efectuar los trabajos de perfecta valorización de las tierras y de sus cultivos e instalaciones. El temor a un aumento de la locación, al vencimiento de su escritura, lo induce a una gran parsimonia en las inversiones. La ambición del agricultor arrendatario es, por supuesto, convertirse en propietario; pero su propio empeño contribuye al encarecimiento de la propiedad agraria en provecho de los latifundistas. Las condiciones incipientes del crédito agrícola en el Perú impiden una más intensa expropiación capitalista de la tierra para esta clase de industriales. La explotación capitalista e industrialista de la tierra, que requiere para su libre y pleno desenvolvimiento la eliminación de todo canon feudal, avanza por esto en nuestro país con suma lentitud. Hay aquí un problema, evidente no solo para un criterio socialista sino, también, para un criterio capitalista. Formulando un principio que integra el programa agrario de la burguesía liberal francesa, Edouard Herriot afirma que «la tierra exige la presencia real».[40] No está demás remarcar que a este respecto el Occidente no aventaja por cierto al Oriente, puesto que la ley mahometana establece, como lo observa Charles Gide, que «la tierra pertenece al que la fecunda y vivifica».

2.º El latifundismo subsistente en el Perú se acusa, de otro lado, como la más grave barrera para la inmigración blanca. La inmigración que podemos esperar es, por obvias razones, de campesinos provenientes de Italia, de Europa Central y de los Balcanes. La población urbana occidental emigra en mucha menor escala y los obreros industriales saben, además, que tienen muy poco que hacer en la América Latina. Y bien. El campesino europeo no viene a América para trabajar como bracero, sino en los casos en que el alto salario le consiente ahorrar largamente. Y éste no es el caso del Perú. Ni el más miserable labrador de Polonia o de Rumania aceptaría el tenor de vida de nuestros jornaleros de las haciendas de caña o algodón. Su aspiración es devenir pequeño propietario. Para que nuestros campos estén en grado de atraer esta inmigración es indispensable que puedan brindarle tierras do-

---

40 Herriot, *Créer*.

tadas de viviendas, animales y herramientas y comunicadas con ferrocarriles y mercados. Un funcionario o propagandista del fascismo, que visitó el Perú hace aproximadamente tres años, declaró en los diarios locales que nuestro régimen de gran propiedad era incompatible con un programa de colonización e inmigración capaz de atraer al campesino italiano.

3.º El enfeudamiento de la agricultura de la costa a los intereses de los capitales y los mercados británicos y americanos, se opone no solo a que se organice y desarrolle de acuerdo con las necesidades específicas de la economía nacional —esto es asegurando primeramente el abastecimiento de la población— sino también a que ensaye y adopte nuevos cultivos. La mayor empresa acometida en este orden en los últimos años —la de las plantaciones de tabaco de Tumbes— ha sido posible solo por la intervención del Estado. Este hecho abona mejor que ningún otro la tesis de que la política liberal del laisser faire, que tan pobres frutos ha dado en el Perú, debe ser definitivamente reemplazada por una política social de nacionalización de las grandes fuentes de riqueza.

4.º La propiedad agraria de la costa, no obstante los tiempos prósperos de que ha gozado, se muestra hasta ahora incapaz de atender los problemas de la salubridad rural, en la medida que el Estado exige y que es, desde luego, asaz modesta. Los requerimientos de la Dirección de Salubridad Pública a los hacendados no consiguen aún el cumplimiento de las disposiciones vigentes contra el paludismo. No se ha obtenido siquiera un mejoramiento general de las rancherías. Está probado que la población rural de la costa arroja los más altos índices de mortalidad y morbilidad del país. (Exceptúase naturalmente los de las regiones excesivamente mórbidas de la selva.) La estadística demográfica del distrito rural de Pativilca acusaba hace tres años una mortalidad superior a la natalidad. Las obras de irrigación, como lo observa el ingeniero Sutton a propósito de la de Olmos, comportan posiblemente la más radical solución del problema de las paludes o pantanos. Pero, sin las obras de aprovechamiento de las aguas sobrantes del río Chancay realizadas en Huacho por el señor Antonio Graña, a quien se debe también un interesante plan de colonización, y sin las obras de aprovechamiento de las aguas del subsuelo practicadas en Chiclín y alguna otra negociación del Norte, la acción del capital privado en la irrigación de la costa peruana resultaría verdaderamente insignificante en los últimos años.

5.º En la sierra, el feudalismo agrario sobreviviente se muestra del todo inepto como creador de riqueza y de progreso. Excepción hecha de las negociaciones ganaderas que exportan lana y alguna otra, en los valles y planicies serranos el latifundio tiene una producción miserable. Los rendimientos del suelo son ínfimos; los métodos de trabajo, primitivos. Un órgano de la prensa local decía una vez que en la sierra peruana el gamonal aparece relativamente tan pobre como el indio. Este argumento —que resulta completamente nulo dentro de un criterio de relatividad— lejos de justificar al gamonal, lo condena inapelablemente. Porque para la economía moderna —entendida como ciencia objetiva y concreta— la única justificación del capitalismo y de sus capitanes de industria y de finanza está en su función de creadores de riqueza. En el plano económico, el señor feudal o gamonal es el primer responsable del poco valor de sus dominios. Ya hemos visto cómo este latifundista no se preocupa de la productividad sino de la rentabilidad de la tierra. Ya hemos visto también cómo, a pesar de ser sus tierras las mejores, sus cifras de producción no son mayores que las obtenidas por el indio, con su primitivo equipo de labranza, en sus magras tierras comunales. El gamonal, como factor económico, está, pues, completamente descalificado.

6.º Como explicación de este fenómeno se dice que la situación económica de la agricultura de la sierra depende absolutamente de las vías de comunicación y transporte. Quienes así razonan no entienden sin duda la diferencia orgánica, fundamental, que existe entre una economía feudal o semifeudal y una economía capitalista. No comprenden que el tipo patriarcal primitivo de terrateniente feudal es sustancialmente distinto del tipo del moderno jefe de empresa. De otro lado el gamonalismo y el latifundismo aparecen también como un obstáculo hasta para la ejecución del propio programa vial que el Estado sigue actualmente. Los abusos e intereses de los gamonales se oponen totalmente a una recta aplicación de la ley de conscripción vial. El indio la mira instintivamente como un arma del gamonalismo. Dentro del régimen inkaico, el servicio vial debidamente establecido sería un servicio público obligatorio, del todo compatible con los principios del socialismo moderno; dentro del régimen colonial de latifundio y servidumbre, el mismo servicio adquiere el carácter odioso de una «mita».

Libros a la carta

A la carta es un servicio especializado para
empresas,
librerías,
bibliotecas,
editoriales
y centros de enseñanza;
y permite confeccionar libros que, por su formato y concepción, sirven a los propósitos más específicos de estas instituciones.
Las empresas nos encargan ediciones personalizadas para marketing editorial o para regalos institucionales. Y los interesados solicitan, a título personal, ediciones antiguas, o no disponibles en el mercado; y las acompañan con notas y comentarios críticos.

Las ediciones tienen como apoyo un libro de estilo con todo tipo de referencias sobre los criterios de tratamiento tipográfico aplicados a nuestros libros que puede ser consultado en Linkgua-edicion.com.
Linkgua edita por encargo diferentes versiones de una misma obra con distintos tratamientos ortotipográficos (actualizaciones de carácter divulgativo de un clásico, o versiones estrictamente fieles a la edición original de referencia).
Este servicio de ediciones a la carta le permitirá, si usted se dedica a la enseñanza, tener una forma de hacer pública su interpretación de un texto y, sobre una versión digitalizada «base», usted podrá introducir interpretaciones del texto fuente. Es un tópico que los profesores denuncien en clase los desmanes de una edición, o vayan comentando errores de interpretación de un texto y esta es una solución útil a esa necesidad del mundo académico.

Asimismo publicamos de manera sistemática, en un mismo catálogo, tesis doctorales y actas de congresos académicos, que son distribuidas a través de nuestra Web.

El servicio de «libros a la carta» funciona de dos formas.

1. Tenemos un fondo de libros digitalizados que usted puede personalizar en tiradas de al menos cinco ejemplares. Estas personalizaciones pueden ser de todo tipo: añadir notas de clase para uso de un grupo de estudiantes, introducir logos corporativos para uso con fines de marketing empresarial, etc. etc.

2. Buscamos libros descatalogados de otras editoriales y los reeditamos en tiradas cortas a petición de un cliente.

www.ingramcontent.com/pod-product-compliance
Lightning Source LLC
Chambersburg PA
CBHW022120040426
42450CB00006B/785